TROIS ANS DE FRONT

CHAPITRE I

BELGIQUE

(Août 1914)

La mobilisation.

Le dimanche matin 2 août 1914, premier jour de la mobilisation, je me présente à 7 heures précises au colonel de mon régiment. Il me place sous les ordres directs du commandant X... qui a réclamé mes services en qualité d'agent de liaison et de chef des éclaireurs ; ce poste me convient, mais voici que le colonel change d'avis et déclare qu'il me garde à son état-major parce que je connais assez bien l'Allemagne et sais couramment l'allemand ; réclamation du commandant X..., on discute ; comme mon chef d'escadron tient bon et qu'il est impossible de me couper en deux, je lui suis adjugé.

Le même jour, les trois batteries de notre groupe abandonnent le quartier et sont cantonnées dans un petit village suburbain ; là les opérations multiples et délicates que comporte le passage du pied de paix au pied de guerre commencent. Mon tra-

J.-L. GASTON PASTRE

TROIS ANS DE FRONT

BELGIQUE — AISNE ET CHAMPAGNE
VERDUN
ARGONNE — LORRAINE

NOTES ET IMPRESSIONS D'UN ARTILLEUR

> Aimez ce métier, au-dessus des autres, à la passion. Oui, passion est le mot. Si vous ne rêvez pas militaire, si vous ne dévorez pas les livres et les plans de guerre, si vous ne baisez pas les pas des vieux soldats, si vous ne pleurez pas au récit de leurs combats, si vous n'êtes pas mort presque de désir d'en voir et de honte de n'en avoir pas vu, quittez vite un habit que vous déshonorez...
>
> Enfin, que l'enthousiasme monte vos têtes, que l'honneur électrise vos cœurs, que le feu de la victoire brille dans vos yeux.
>
> Prince DE LIGNE.

BERGER-LEVRAULT, LIBRAIRES-ÉDITEURS

PARIS	NANCY
5-7, RUE DES BEAUX-ARTS	RUE DES GLACIS, 18

1918

TROIS ANS DE FRONT

J.-L. GASTON PASTRE

TROIS ANS DE FRONT

BELGIQUE — AISNE ET CHAMPAGNE
VERDUN
ARGONNE — LORRAINE

NOTES ET IMPRESSIONS D'UN ARTILLEUR

> Aimez ce métier, au-dessus des autres, à la passion. Oui, passion est le mot. Si vous ne rêvez pas militaire, si vous ne dévorez pas les livres et les plans de guerre, si vous ne baisez pas les pas des vieux soldats, si vous ne pleurez pas au récit de leurs combats, si vous n'êtes pas mort presque du désir d'en voir et de honte de n'en avoir pas vu, quittez vite un habit que vous déshonorez...
>
> Enfin, que l'enthousiasme monte vos têtes, que l'honneur électrise vos cœurs, que le feu de la victoire brille dans vos yeux.
>
> Prince DE LIGNE.

BERGER-LEVRAULT, LIBRAIRES-ÉDITEURS

PARIS	NANCY
5-7, RUE DES BEAUX-ARTS	RUE DES GLACIS, 18

1918

Ces notes n'ont aucune prétention littéraire. Je les dédie à mon régiment, et plus particulièrement au troisième groupe que j'ai présentement l'honneur de commander, à ces officiers d'élite, à ces braves soldats, qui sont pour moi les plus dévoués des collaborateurs et les meilleurs des amis.

Au P. C. de l'Arbre Haut, ce 30 novembre 1917.

G. P.

vail consiste à faire marquer et à baptiser les chevaux de réquisition : c'est fastidieux, mécanique et
peu absorbant. L'état d'esprit des hommes est
parfait, celui des réservistes, qui nous arrivent
d'heure en heure, admirable. On sent que tout le
monde est lassé des provocations allemandes ; nous
en avons assez, nous voulons nous battre : la
guerre est vraiment populaire. La bonne volonté de
tous est si grande, nos hommes et les braves
paysans chez qui nous cantonnons sont si dévoués,
que les difficultés (de telles opérations en com-
portent toujours) disparaissent comme par enchantement.

Nous sommes quatre officiers adjoints, deux
lieutenants et deux sous-lieutenants. Il nous arrive
encore deux médecins et un vétérinaire. Le commandant est fort aimable, rond, plein d'entrain,
jovial et bonhomme. Cette bonhomie cache d'ailleurs une grande finesse, de la pénétration et de la
sensibilité. Grâce à lui la glace est vite rompue,
tout le monde s'accroche bien.

Les opérations continuent, on classe les chevaux,
on organise les attelages, on en fait la répartition ;
j'en profite pour choisir comme cheval d'arme un
grand alezan brûlé qui doit filer comme une
trombe. Puis on habille les hommes, on les arme,
on les équipe. Comme le temps est radieux, ces
opérations se déroulent au milieu des vergers, entre
des haies fleuries. On rit, on chante, des jeunes
filles nous apportent des roses que nous piquons à

nos uniformes. Certes, on ne dira pas que nous partons en pleurnichant.

Et chaque jour, lorsque le soir tombe, nous gagnons la ville ; la belle paresseuse qui dort éternellement sur les rives dorées du fleuve. Et la dormeuse s'éveille. Boulevards et rues sont fort animés, les cafés regorgent de monde, les réservistes y sont déjà en uniforme, les officiers circulent en bonnet de police, revolver à la ceinture. Des orchestres de fortune jouent le *Chant du Départ* et la *Marseillaise,* des bandes joyeuses chantent derrière des drapeaux. Il y a forcément quelques cas d'ivresse, mais rien de grave ; en somme la tenue est excellente, la discipline suffisante ; je n'ai pas vu une seule scène de désordre.

— Quelle différence avec 70 ! murmurent autour de nous ceux qui ont vu l'autre guerre.

La police surveille les suspects et traque les espions, elle fait enlever des panneaux-réclame des maisons allemandes : mieux vaut tard que jamais. Cependant la surveillance des voies ferrées devient de plus en plus étroite. A force de zèle on prend même quelques mesures maladroites qui révèlent un peu de nervosité, alors que dans les grandes crises il faut surtout du calme et de la sérénité.

Voici qu'on apprend la première résistance des forts de Liége, et l'enthousiasme devient du délire :

— L'armée allemande est de la camelote, déclare devant moi un homme dont le jugement est d'ordinaire sûr, la voilà qui se fait battre par la milice belge !

Nous sommes quelques-uns à bien connaître l'Allemagne et son armée ; nous nous taisons comme il sied. Mais si je descends en moi-même, j'éprouve une angoisse cruelle, car je sais ce que valent nos adversaires ; leur armée est l'instrument militaire le plus redoutable qu'ait jamais connu le monde ; pour nous tirer d'affaire ce ne sera pas trop de toute la prudence, l'audace et l'habileté de nos généraux, et il faudra que nous autres soldats nous nous battions avec une énergie et un courage surhumains.

Entre temps, la coalition se forme, les bonnes nouvelles arrivent d'heure en heure ; autour de l'Allemagne et de l'Autriche un cercle de fer et de feu se dessine.

— *Quos vult perdere Jupiter dementat,* me répète à tout bout de champ le commandant, qui profite lâchement de la circonstance pour me bombarder de citations.

Notre mobilisation s'achève avec vingt-quatre heures d'avance sur l'horaire prévu, c'est parfait. Le jour du départ approche. En attendant, nous nous réunissons tous les soirs au café. Notre groupe s'éclaircit peu à peu. Voici nos camarades de l'infanterie qui partent ; ils embarquent quarante-huit heures avant nous. Ceux de nos amis qui ne sont pas soldats, pour des raisons diverses qu'eux seuls connaissent, parlent de s'engager. Certains font de bruyantes démarches.

Pendant une de nos dernières réunions le commandant vient à moi et mystérieusement à l'oreille :

— Nous prenons l'offensive en Alsace, nous allons y chercher la décision en débouchant de Belfort.

La chose est surprenante, car la Haute-Alsace est un véritable cul-de-sac, ce n'est le chemin de nulle part : s'y engager est une erreur stratégique. J'ai toujours pensé que la masse principale de l'armée allemande passerait par la Belgique pour utiliser la vallée de l'Oise : c'est une route logique ; mais mon chef d'escadron prétend que le siège de Liége est une feinte, que l'attaque décisive arrive par l'Est et que nous allons la devancer. Il dit tenir ces renseignements de bonne source. Tout le monde est à l'offensive. On ne parle que d'attaquer et c'est peut-être une faute, car, si en attaquant on impose sa volonté à l'adversaire, il n'est pas niable que la puissance de l'armement moderne favorise singulièrement la défensive.

Il n'y a pas eu d'attaque brusquée. Voilà un fantôme qui s'évanouit. A vrai dire il n'était pas effrayant. L'attaque brusquée est possible avec une armée permanente toujours prête à combattre, mais l'armée allemande qui, plus que la nôtre, réalise la nation armée, ne peut songer à engager des opérations de quelque envergure dès les premiers jours de la mobilisation. Ne nous laissons pas dominer par des arguments d'école, tâchons d'avoir du bon sens ; le bon sens nous indique que le facteur temps n'a plus dans la guerre moderne la valeur qu'il avait à l'époque de Napoléon.

Le jour du départ arrive, nous avons même les émotions d'un faux départ, un retard de quelques heures. Nous montons à cheval et gagnons la gare ; un tonnerre d'applaudissements ; nos chevaux, nos canons disparaissent sous les fleurs. On nous acclame comme si nous étions déjà vainqueurs. Voilà un bien beau présage.

En route.

Les gares allemandes possèdent des quais d'embarquement très vastes et ces quais sont nombreux. Chaque station un peu importante a le sien ou les siens. Les gares françaises sont moins bien pourvues. Ici, dans cette grande ville, nous devons embarquer à pleine voie à l'aide de rampes mobiles ; besogne pénible et longue. Les chevaux font des difficultés pour s'engager sur les plans inclinés, les servants hissent avec peine sur les plates-formes les lourds caissons de 75 chargés de leurs soixante-douze cartouches. Le règlement prescrit qu'en trois heures et demie au maximum un pareil embarquement doit être terminé ; nos hommes, lestes, adroits et pleins d'ardeur, battent un véritable record ; malgré les difficultés de la situation, ils embarquent en deux heures et demie. Il fait une chaleur accablante et comme ils ont enlevé leurs vareuses le coup d'œil est amusant.

Bruyamment, au milieu des cris et des vivats, passent, très pavoisés, des trains de cavalerie. La cavalerie! Quel peut bien être son rôle dans la guerre moderne? Les armes à tir rapide lui interdisent le choc; la multiplication des petits domaines et partant des clôtures limite sa faculté d'évolution. En fait, depuis les guerres napoléoniennes la cavalerie n'a jamais joué un rôle quelconque, ni en Crimée, ni à Sadowa, ni en 1870, ni en 1878; pas plus pendant la guerre russo-japonaise que durant le dernier conflit balkanique, la cavalerie n'a fait quelque chose digne d'être rapporté. Je sais bien qu'on produit des raisons de cette inaction, mais ce sont ces raisons autant que les faits qui déterminent mon opinion. Qu'on nous donne des escadrilles d'avions, des automobiles blindées, des mitrailleurs motocyclistes, cela vaudra mieux et pour l'exploration et pour la poursuite.

Deux de nos camarades reçoivent les adieux de leurs femmes. Scène pénible. Mais quoi, ces cœurs sensibles ne savaient donc point qu'un soldat est destiné à faire la guerre, qu'il la doit normalement considérer comme la récompense de ses travaux! Oui, je sais bien, les esprits bornés croyaient peu à la guerre et les illuminés aspiraient à la fraternité universelle; on devenait officier comme on devient fonctionnaire, une place, le pain quotidien assuré, la retraite qui arrive doucement dans les loisirs somnolents de quelque garnison. Et puis à quoi bon travailler et songer à la guerre si l'on doit moisir dans les bas grades? Les ambitieux et les malins, eux, choisissent d'autres routes, qui mènent parfois plus vite aux grosses épaulettes. L'ineptie des temps fait que le pacifisme était une de ces routes. J'ai toujours tenu les pacifistes pour de doux crétins, je parle de ceux qui sont sincères. L'homme est une bête de proie; comme le dit leur Nietzsche, il est né pour faire la guerre et la femme pour offrir des distractions au guerrier.

Nous partons, le train roule dans un paysage ami où tout m'est familier. Ce pays n'est pas le mien et cependant un monde de souvenirs aimables m'envahit au moment de le quitter. Voici la route où si souvent j'ai piloté la souple Atalante, mon automobile qui savait si bien refuser de monter les côtes, et le coteau où j'ai galopé, et le petit étang où l'hiver j'allais patiner. Le train nous emporte. J'ai couru entre ces deux villages par champs et prairies au cours des dernières grandes manœuvres. Avons-nous assez ri pendant ces manœuvres! Aujourd'hui nous rions encore et cependant!...

Le commandant m'a accaparé, il me parle de l'artillerie lourde allemande qui le préoccupe fort. Nous nous en tenons, nous autres, au calibre unique, à notre canon de 75, bonne pièce de campagne, excellent canon d'infanterie, mais qui ne saurait prétendre à remplir toutes les missions.

Napoléon voulait avoir des calibres multiples et divers, employant chacun selon les circonstances; nous avons négligé son enseignement. Nous n'avons pas voulu *chausser les bottes de plomb de l'artillerie lourde* et c'est une faute.

— Oui, je sais, me dit le commandant, nous avons fait un petit effort en ce sens, mais au fait qu'avons-nous? Des 155 courts système Rimailho, obusiers excellents, mais de petite portée; et combien en avons-nous? une misère; puis notre vieux matériel de Bange retapé par l'invention des cingolis, c'est bien insuffisant, sans compter qu'il n'en existe encore que quelques groupes, puis on n'a pas eu le temps de créer une doctrine, on ne saura pas se servir de l'artillerie lourde.

Mais le capitaine V... l'interrompt et prétend que ce gros matériel ne peut servir à rien : qu'aux masses profondes allemandes, à leur déploiement prématuré, à leurs gros canons, nous opposerons nos articulations souples et mobiles, la manœuvre dans le temps et dans l'espace. Et il nous expose ce qu'il a appris à l'école de guerre, je crois.

Comme j'avais déjà parlé de l'obusier de 105, le commandant ramène la conversation sur l'artillerie et me demande ce que je sais de ce matériel. Ma science se réduit à peu de chose : c'est un obusier léger qui tire, à 6.800 mètres environ, un obus explosif du système Erhardt à double effet. Ce qui rend cette pièce redoutable c'est le poids de son projectile et encore la facilité très grande avec laquelle elle peut utiliser les grands défilements qui seront dans l'angle mort de nos canons à tir tendu. Sans compter que notre obus explosif ne pouvant se tirer fusant risque de faire fougasse sur les contre-pentes. Les Allemands sont des gens pratiques ; ils n'ont pas seulement toute une gamme de calibres, dans chaque calibre ils ont canon et obusier : ainsi ils peuvent faire face à toutes les éventualités.

Si nous parlions de leur infanterie, de son excellent fusil Mauser, de ses innombrables mitrailleuses ? et l'aviation, les zeppelins, les sections automobiles ? Nous avons cru faire un bel effort en établissant le service de trois ans. Ne disons pas de mal de la loi de trois ans : elle a donné de la solidité aux régiments et, à cette heure, elle procure de la confiance. Mais au fond cet effort était incomplet : il aurait fallu organiser les réserves, multiplier le matériel, pousser l'instruction des cadres. Laissons ces tristes réflexions. Maintenant le vin est tiré, il faut le boire.

Le train roule, le temps irréparable fuit et nous discutons toujours ; comme l'un de nous demande à plusieurs reprises à notre chef d'escadron quel procédé nous emploierons pour découvrir les batteries ennemies, il répond avec humeur :

— Je n'en sais rien.

Nous avançons lentement à l'allure réglementaire, les hommes chantent ; ces braves gens sont d'une bonne humeur inépuisable. Aux stations, lorsque nous faisons halte, on nous offre du vin, des rafraîchissements de toute sorte, des provisions. On sent ces populations méridionales vraiment bonnes et accueillantes. Le train stoppe, la nuit vient. Quelle belle soirée enjôleuse se prépare ! Nous dînons joyeusement : sardines, poulet froid, fromage, fruits, confitures et un bon petit vin blanc fort honorable. Quel festin ! On félicite le popotier, un Central, malin et débrouillard qui ne se démonte guère. Le train s'est remis en marche ; chacun s'accote pour la nuit. Un tranquille sommeil descend sur nous.

... Il fait très chaud, et ce voyage interminable devient fatigant. Voici qu'à une halte nous devons abattre deux chevaux. Notre vétérinaire se charge de l'opération, un coup de revolver dans l'oreille et c'est fini...

Parfois le train stoppe et, lorsque la voie se développe en ligne droite, nous apercevons de longues rames de wagons, des trains et encore des trains bloqués comme nous. Malgré quelques petits accrocs inévitables, nos transports stratégiques marchent admirablement. Les Allemands racontaient volontiers que nous ne saurions ni mobiliser ni transporter nos troupes. Or, mobilisation et transports vont à merveille ; de ce chef nous marquons déjà un premier point.

Aux haltes, on fait boire les chevaux, on distribue les rations, autour des bornes-fontaines nous faisons notre toilette, on mange sur le pouce, et en voiture !

Ce long voyage continue sans incident notable à travers ce doux pays de France qui semble se parer de toutes ses beautés pour nous engager à le bien défendre. A C..., long arrêt et repas chaud au buffet : omelette et pommes frites. Nous trouvons là un groupe de 155 Rimailho sous les ordres d'un chef d'escadron aimable et fort élégant. Ces messieurs vont à Belfort. Nous repartons... Le commandant, qui est doué d'une excellente mémoire, nomme les embranchements et les moindres petites villes. Ce n'est pas un homme, c'est un Bædeker ambulant!... Encore une nuit et une journée accablante, on attelle un bridge..., on fume, on blague le docteur qui attend avec impatience un succès foudroyant des Russes. Qu'il leur laisse le temps de mobiliser, que diable! Je navre l'excellent homme en lui disant que l'armée austro-hongroise a fait d'énormes progrès et que probablement elle suffira à contenir l'armée russe.

— Mais alors, nous aurons toute l'armée allemande sur le dos?

— C'est probable.

— Combien d'hommes?

— Trois cents divisions environ : faites le calcul.

Le capitaine V... conteste mes chiffres. Nous verrons bien.

Dans une gare, on nous parle d'une grande victoire en Alsace : 35.000 prisonniers, mais on ne sait rien de précis. Quelle traînée de poudre que cette nouvelle! Les hommes chantent! Et la Belgique, me dit V... narquois ! et voilà que je m'excite à mon tour.

— Il faut à l'ennemi de la place pour se déployer et tenter l'enveloppement stratégique qui est à la base de sa doctrine. Cette place il la trouve en Belgique et pas ailleurs. Si son attaque principale arrivait par l'Est, elle se heurterait à un terrain difficile, aux Hauts de Meuse couronnés de forts ; plus au sud, au plateau de Langres. Voyons, ce serait stupide de passer par là, ce serait faire notre jeu. Les Allemands n'ont pas violé la neutralité de la Belgique et provoqué l'Angleterre pour faire une simple démonstration. Songez, mon capitaine, aux voies ferrées aux camps, construits sur la frontière belge depuis plusieurs années.

Je n'arrive pas à le convaincre. Nous voici maintenant à proximité de la frontière. A la sortie de la gare de M..., le train fait halte, un capitaine de l'état-major de l'artillerie, mon ami Z..., nous attend pour nous donner des ordres ; il campe sous une tente le long de la voie et au passage arrête les trains d'artillerie pour les orienter. Il nous apprend que nous débarquerons à V... à 19 heures, que nous cantonnerons à M... et aurons à nous mettre en liaison avec l'état-major qui est à W... Nous l'interrogeons avidement, mais il sait peu de chose, si ce n'est que ce matin une de nos batteries arrivée d'hier a détruit une batterie à cheval ennemie.

Nous voici à V'...; il est 19 heures, une batterie du groupe y est déjà et achève de débarquer. Par un autre embranchement elle nous a gagné de vitesse ; la troisième va arriver.

Notre voyage a duré soixante-quinze heures, nous sommes fatigués, abrutis, les chevaux flageolent sur leurs jambes. Dans l'instant même je reçois l'ordre de me rendre à M... pour reconnaître la route, puis de me porter de là sur W... et d'y demander des ordres. Le temps de faire seller mon cheval et je pars suivi des éclaireurs, tandis que nos batteries débarquent. Mes éclaireurs, je les laisserai, comme le désire le commandant, à M... : à quoi bon crever hommes et chevaux ! car c'est une petite promenade de 40 kilomètres environ que je vais m'offrir.

Dans la forêt.

Il fait nuit, je ne possède qu'une carte au 200000ᵉ, nous ne sommes bien pourvus qu'en cartes des bords du Rhin. Je reconnais un chemin de terre vers M... pour abréger le trajet des batteries. La reconnaissance est difficile, la lune n'est pas encore levée, on y voit mal, les paysans que je rencontre font preuve de mauvaise volonté et refusent de donner des renseignements. Enfin tout s'arrange, me voici à M..., j'y laisse les éclaireurs ; trois d'entre eux, le brigadier et deux hommes, retournent vers les batteries pour les guider. Je pique des deux vers la grande route de W... Je ne vais pas loin, une sentinelle m'arrête, le mot ? Je ne l'ai pas. Qui d'ailleurs eût pu me le donner? Je parviens à me faire reconnaître, c'est un poste du... régiment d'infanterie; le lieutenant qui le commande m'offre un verre d'eau qui est le très bien venu. Il s'étonne de me voir poursuivre seul sur W..., des groupes de uhlans battent la forêt, dit-il. C'est bien invraisemblable; il insiste, ce sont des cavaliers isolés, échappés à nos patrouilles.

Je charge mon excellent Smith et Wesson, dans son fourreau mon sabre joue librement; ce sont là deux bons compagnons dont je me sers assez proprement. Si un de ces seigneurs de Germanie veut m'enlever en cours de route, ce sera tant pis pour lui.

Je m'avance sur la route déserte dans le silence vivant de la nuit. Il fait maintenant un beau clair de lune. Le trot régulier de mon grand cheval m'endormirait facilement, ce semble. Quelle belle lumière sur les bois et les prairies! Comme ce pauvre Macbeth, qui en fut si ridiculement effrayé, je crois voir un taillis s'arracher de la terre et marcher; puissances invincibles de l'imagination et du rêve, je ne suis plus dans la forêt Hercynienne. Cette lumière qui brille et s'agite n'est-ce point la torche que brandit la princesse Ysolde dans une clairière de Cornouailles? Cette belle nuit romantique ne disconviendrait pas aux sublimes effusions des immortels amants! Non, ce n'est que le phare d'une paisible automobile d'état-major.

Me voilà à W... Est-ce ici le palais de la Belle au bois dormant? Tout le monde dort dans cette auguste demeure. Voici un secrétaire qui ronfle sur un fauteuil : je le reconnais, hier encore il était gras à lard, joufflu comme une pomme; le voilà déjà pâle, en piteux état, et la guerre commence à peine ! Un capitaine d'état-major me reçoit : ce dormeur qu'on vient de réveiller est de méchante humeur.

Nous échangeons quelques mots sur un ton qui manque d'aménité. Il me donne l'ordre de marche du lendemain. Ce capitaine paraît nerveux, il a publié voici quelques mois un gros livre sur la stratégie et les doctrines de la guerre future. Les Allemands négligeraient-ils de se conformer à ses doctes enseignements?

Au sortir du palais du sommeil, je me souviens qu'il est plus de minuit et que depuis bientôt douze heures mon estomac est vide; d'ailleurs il se révolte. Un sous-officier de cavalerie, fort complaisant m'offre un morceau de pain et un reste de bifteck : qu'il soit béni ! Je commençais à trouver la plaisanterie amère. A cheval et en route. La bête en a assez, cet interminable trajet en chemin de fer lui a mal réussi. En passant je reconnais la ferme où nous cantonnerons demain. A ma gauche, dans la profondeur des bois, des coups de feu : des patrouilles qui se chamaillent sans doute. J'écoute, la main sur la crosse de mon revolver, plus rien. Vers 2 heures, j'arrive à

M..., le cantonnement n'est pas gardé, et, dame c'est une grosse imprudence; sans réveiller mes camarades je constitue un poste, fais placer des sentinelles et leur donne le mot; je rédige une note sur les mouvements du lendemain et la remets à l'ordonnance de mon chef d'escadron, puis, l'âme paisible et satisfaite, je me roule dans une couverture et m'endors en plein air à l'ombre d'un timon.

. . . .

Nous partons à 6 heures, il fait toujours très chaud, l'étape est courte; quatre heures de route et le groupe arrive dans une haute et grande ferme plantée au bord de la route. Là un bon vieux nous vend un cidre largement baptisé qui indispose deux de nos sous-officiers. Après midi repos, je n'ai rien à faire, j'en profite pour aller piquer une tête dans la rivière voisine. Mais voici qu'au retour je rencontre le docteur et en causant nous grimpons sur les coteaux. A nos pieds s'étale le bivouac, autour de la ferme les chevaux sont à la corde dans les prairies, en longues lignes symétriques; plus loin canons et caissons s'alignent dans un ordre parfait, le marteau des forgerons résonne, les cuisines fument, les hommes vont et viennent. Ce petit tableau militaire est plein de couleur et de vie. Peut-être même est-il trop coloré et trop animé, rien n'échapperait aux vues d'un avion ennemi. Il me souvient qu'aux dernières manœuvres nous avions reçu l'ordre d'abriter au bivouac nos voitures et nos chevaux sous les arbres; c'en était fait des belles formations géométriques, des alignements impeccables; notre chef de groupe le commandant de R... était du coup fort malheureux. Décidément son école l'emporte, la routine est plus forte que la raison.

Comme nos uniformes sont voyants et désagréables à porter! Peut-on partir en campagne en pareil équipage! C'est inconfortable, peu pratique et laid; nous ressemblons à des pompiers avec nos pattes d'épaules rouges. Notre armée est mal habillée et mal équipée; on n'a chez nous ni le sens du confort ni celui de l'esthétique. Le choix des nuances est affreux (le pantalon rouge de l'infanterie!) les vêtements sont mal coupés, mal ajustés.

L'autorité militaire n'aime ni les belles choses ni les choses pratiques, notre armée manque de chic. Malheur au soldat qui fait retoucher sa vareuse, au sous-officier qui remplace le tuyau de poêle réglementaire par un képi convenable : on l'accuse de faire de la fantaisie et, dame! la chose est grave.

Il serait si simple d'avoir deux tenues, un vêtement de manœuvre et de combat d'une coupe sportive, d'une teinte neutre; une tenue de ville sobre et élégante. Nous autres civils n'avons point coutume d'aller à la chasse en habit. Il est vrai que l'opinion des civils!...

Le docteur cueille des fleurs, voilà sa moisson

terminée, nous nous asseyons au pied d'un arbre. Quel charme dans cette fin de journée.

— Est-il possible, me dit mon camarade, que par une soirée aussi belle tant de jeunes hommes pleins de vie et de bonheur se disposent à s'entre-tuer !

Je souris. La mort et l'amour sont la rançon du monde. Le docteur est panthéiste et plus d'une fois m'a exposé ses doctrines : une force initiale, principe de tout ce qui est en vie ; cette force ne demeure point en repos, et par elle tout entre en mouvement, progresse, naît, se développe, et le docteur en arrive ainsi à la loi d'évolution avec sa double conséquence de la permanence et de l'équilibre des formes. Je salue au passage l'enseignement ami du vieil Épicure teinté d'un vague spinozisme. Mais n'est-ce point ce que proclame le docteur Faust lorsqu'en des pages désespérées et ardentes, sommet de toute poésie philosophique, il évoque l'esprit, l'âme du monde, cette unité qui est tout, hors de laquelle il n'y a rien ? Laissons ces rêves, la soupe nous attend. La soupe est un modeste lapin de garenne. que la main encore inexpérimentée de notre cuisinier a assez mal accommodé. La nuit vient ; roulés dans nos manteaux nous nous étendons sur la paille de la ferme.

Nous ne dormons pas longtemps, un ordre de départ arrive. Nous allons exécuter une marche de nuit aussi bien pour échapper aux vues des avions que pour éviter la chaleur intolérable de la journée. Je vais partir en avant-garde avec les éclaireurs, car, bien que la cavalerie nous précède, le commandant tient sagement à couvrir son mouvement. La nuit est claire ; avant de me mettre en selle, je vais faire boire mon cheval à une fontaine ; un de mes camarades que j'y rencontre me confie ses craintes, il sent que la mort rôde autour de lui.

Me voici sur la route, j'avance rapidement en détachant mes éclaireurs à droite et à gauche. Le service d'exploration se poursuit sans accroc, les bois sont vides, la cavalerie allemande, quelle que soit son audace, n'a pas osé se glisser entre nos divisions indépendantes et nous. Voici un bataillon d'infanterie, nous nous encolonnons derrière lui ; j'établis la liaison et viens rejoindre mon chef d'escadron. Nous chevauchons maintenant côte à côte en échangeant nos pensées. Il est optimiste, très persuadé que les Allemands avec leur manque accoutumé de psychologie ont cru que la guerre déchaînerait chez nous la révolution et qu'ils n'auraient à faire qu'une simple promenade militaire ; il estime qu'ils vont tomber sur un bec de gaz. Certes, notre préparation est loin d'être parfaite, mais il me fait observer, et je l'approuve, qu'une armée n'est jamais entrée autrement en campagne. La Grande Armée elle-même partant en 1805 pour la campagne qu'Austerlitz devait immortaliser était loin d'être arrivée au degré de préparation auquel l'Empereur prétendait la mener. Puis nous causons d'amis communs, d'un officier allemand et de sa femme, que nous connaissions l'un et l'autre ; le commandant la voit sous les traits d'une flirteuse expérimentée, moi, d'une espionne.

Rien n'est plus sévère que cette forêt : elle est véritablement impénétrable, quelques régiments y arrêteraient aisément une armée. C'est en des lieux semblables que succombèrent parfois les légions romaines. Que de belles places pour les embuscades !

Voilà le colonel très enjoué et plein d'entrain à son ordinaire, aujourd'hui plus qu'à l'ordinaire. Il ne sait rien, il attend des ordres ; on s'est battu devant nous ce matin, il nous invite à nous tenir prêts à toute heure. Le grand coup de torchon approche. Puis je l'entends qui parle du général Joffre, notre généralissime. Que de qualités ne doit pas avoir le généralissime ! Du bon sens d'abord, qualité qui prime toutes les autres, de la sagacité, de l'instruction générale et des connaissances techniques, de la décision, un caractère enfin fortement trempé. Le général Joffre est peu connu. Dieu veuille que nous soyons en bonnes mains.

Le long de la route, des téléphonistes du génie posent des fils.

Nous avons l'impression d'être loin, très loin de l'ennemi. On se croirait aux manœuvres, et il nous échappe en parlant de la situation présente de dire « les manœuvres ». Dans le ciel le soleil monte, il fait chaud. Nous arrivons au village de C.,.. et can-

tonnons au château. Les habitants qui n'ont point
fui se montrent fort désagréables . . . .

. . . .

. . . .

. . . . (censuré) . . . .

. . . .

. . . .

Encore une soirée clémente. Couchés sur les
brancards de l'ambulance, nous avons dormi comme
des gens harassés dorment. Départ au petit jour,
les ordres ont été mal transmis, nous sommes en
retard; nous voici sur la route, je pique en avant
avec les éclaireurs; dans les profondeurs du ciel
passe un avion; à la jumelle, je l'identifie : c'est un
albatros, voilà l'ennemi!

La bataille.

Au pas nonchalant de nos chevaux, nous suivons
les colonnes d'infanterie. Il fait une chaleur accablante, des nuages de poussière tourbillonnent, une
poussière impalpable qui irrite les yeux et dessèche
la gorge.

Les heures passent monotones; à cette allure de
tortue on n'avance guère; rien de plus fatigant que
de se traîner ainsi à la suite des bataillons. D'heure
en heure une halte de dix minutes et de longs
à-coups dans la colonne à cheval. Nous ne savons
rien, absolument rien; cependant des nouvelles
sensationnelles courent, tuyaux de cuisiniers aux-

quels il ne faut pas s'arrêter, en somme rien de précis et c'est angoissant.

Les troupes anglaises défilent. De beaux gars jeunes et solides, pratiquement vêtus, richement équipés ; ils font plaisir à voir, nos alliés ; ils passent en chantant un refrain sautillant et mélancolique ; des officiers, pipe à la bouche, canne en main, encadrent les colonnes.

Puis des batteries s'écoulent dans un grand fracas de ferraille. Ce sont des canons de campagne, le frein est placé au-dessus du tube pour que le centre de gravité de la pièce soit plus bas sans doute.

Singulier pays que ce coin de Belgique. Une province bâtie ; des fabriques, des manufactures et encore des usines, des forêts de cheminées ; d'interminables cités ouvrières alignant les rangs symétriques de leurs maisons identiques : si c'est là le paradis socialiste, je préfère celui de saint Paul. De loin en loin la rivière et le canal luisent entre des bouquets d'arbres, et voici des coins de parc oubliés par la folie des hommes.

De longues collines parallèles ravinées et vallonnées par de petits ruisseaux encadrent les lignes d'eau. La rivière et le canal sont faciles à franchir ; des maisons les bordent et forment autant de points d'appui. Il est vrai que les villas qui s'étagent plus haut, les bouchons, les maisons ouvrières avec leurs minuscules jardins clos de palissades, sont autant de réduits naturels. Ici les canons courts

vaudront mieux que les longs. Quel curieux champ
de bataille ! Mais au fait se battra-t-on ici ?

Des marches fastidieuses, des haltes interminables, les jours passent et toujours rien. Tout
ceci est incompréhensible, les Allemands ont intérêt, ce semble, à chercher la décision sur notre
front dans un délai bref, pourquoi donc n'atta-
quent-ils pas ? et nous que faisons-nous ? Nous
semblons hésiter entre l'offensive et la défensive.

Auprès d'une mare où je fais boire mon cheval
je rencontre un camarade perdu de vue depuis
longtemps : il est présentement dans un état-major.
Par lui, j'apprends que les Allemands viennent
d'entrer à Bruxelles, que la petite armée belge est
en retraite sur Anvers. Nous autres, nous allons
sans doute tomber vigoureusement sur les corps
d'armée qui opèrent en Belgique ; surpris pendant
leur marche et pris en flanc, ils seront culbutés
sans peine, et la campagne commencera ainsi par
un succès décisif. Beau projet, mais qui vaudra
par son exécution comme tout plan militaire. Une
poignée de main, mon ami va à ses affaires, et d'un
temps de galop je rejoins la batterie à laquelle on
vient de m'affecter dans cette division où ne se
trouve nul soldat de ma province et où, malgré bien
des amabilités, je me sens un peu étranger.

Les officiers anglais ne savent pas grand'chose.
On dit qu'à notre droite l'infanterie allemande a
subi un sérieux échec. En revanche, notre corps de

cavalerie est mécontent : les cavaliers allemands refusent systématiquement le combat à l'arme blanche et reçoivent les nôtres à coups de mitrailleuses.

On entend le canon.

Après le soleil, la pluie ; après la pluie, le soleil, de longues heures passent.

Les batteries sont échelonnées sur la route, tête basse les chevaux sommeillent sur leurs pattes raidies, les hommes mangent, fument des cigarettes ; on parle peu. A droite, un bruit sourd et prolongé qui se rapproche et grandit peu à peu et se transforme en violente canonnade.

Vers 15 heures, des sifflements aigus, l'air en est tout déchiré ; à 1.800 mètres environ à notre droite, des colonnes de fumée jaillissent entre les toits rouges d'une usine, de sourdes détonations roulent. Maintenant, devant nous, le feu de mousqueterie craque et crépite, on entend le tic-tac des mitrailleuses ; un ordre passe : « Dispositions de combat .»

Les servants s'empressent. « A cheval. » Les reconnaissances partent. Le temps coule, plus rien pour nous ; le bruit du combat se calme. « Pied à terre, dispositions de route. »

La nuit vient ; triste bivouac ; on mange froid, car il est interdit d'allumer du feu. Les nouvelles sont confuses.

Un beau soleil ; il fait chaud, quoique la journée

commence à peine; les canons sont en batterie derrière un talus gazonné, les avant-trains là-bas, à 5oo mètres à droite et un peu en retrait; les échelons plus loin encore, entre deux usines : il y a là plusieurs batteries. L'objectif est la lisière d'un bois à 2.8oo mètres environ; depuis une heure, l'infanterie ennemie cherche à en déboucher; à chaque fois des rafales courtes et violentes la clouent sur place; dans de pareilles circonstances le 75 est le plus merveilleux des canons de campagne. Tout va bien. L'artillerie ennemie riposte, des 77 éclatent avec un miaulement aigu de chats en colère : c'est trop haut, trop long et très à gauche. Quelques pertes dans une batterie voisine. Les Anglais écopent, dit-on. Changement d'objectif, réglage lent sur un rideau d'arbres qui abrite la lourde ennemie. Puis le tir progressif se déclenche, brutal et rapide. Le bruit strident des mitrailleuses allemandes déchire l'air, notre infanterie attaque, l'artillerie l'appuie. Les 77 ripostent, leur tir est mou et mal ajusté. On signale un aéroplane : il nous survole à une faible altitude et lance des fusées; est-ce un signal? Le tir ennemi devient plus vif, toujours des 77.

De beaux objectifs maintenant : l'infanterie allemande devient par moments visible, elle progresse par bonds courts et rapides; les tirs progressifs font rage, l'ennemi n'en réussit pas moins à filtrer à travers nos rafales. Il doit avoir des pertes énormes, mais il avance toujours; il n'y a pas à dire, ce sont de fameux soldats. Le débouché des troupes ennemies s'effectue méthodiquement, avec une parfaite régularité. Avec les premiers détachements l'artillerie qui se porte audacieusement en avant prépare la progression de son infanterie ; de crête en crête, de ravin en ravin elle avance, chaque batterie soutenue par la rafale intense des pièces restées en position.

Sous la protection de ces milliers d'obus l'infanterie progresse, filtre à ras du sol. Le plus petit abri protège ces colonnes minuscules et souples aux uniformes presque invisibles.

Des bourdonnements intenses, puis des détonations assourdissantes, de véritables coups de foudre, bruits stridents des éclats qui déchirent l'air, grosses volutes de fumée noire. L'artillerie lourde ennemie nous a repérés (l'avion sans doute) et nous prend à partie. Un obus explosif s'abat en arrière de la deuxième pièce, le chef de section est blessé ; d'autres coups arrivent en avant de la batterie et un autre en plein centre ; le brigadier de tir est tué, des servants sont tués, et il y a plusieurs blessés. Il faut amener les avant-trains et chercher à dérouter le tir ennemi. Cette manœuvre délicate et dangereuse s'accomplit avec une rapidité foudroyante, c'est dans un moment pareil que l'on recueille les bénéfices de la bonne instruction donnée aux cadres et aux hommes en temps de paix. Entre deux salves ennemies, les avant-trains arrivent, canons et caissons sont accrochés, et la batterie entière se dérobe au galop, tandis que les explosifs s'abattent sur l'emplacement qu'elle vient de quitter.

La batterie s'arrête derrière une autre crête un peu à droite et rouvre immédiatement le feu. Toujours le maudit avion, et les 150 de pleuvoir. Le capitaine est tué comme il descendait de son échelle.

Encore un changement de position. Une fumée lourde et opaque produite par les explosions des marmites flotte ; les éclairs de nos canons la déchirent, spectacle fantastique et irréel. Les choses vont mal, les Allemands poussent toujours, ils refoulent notre infanterie et vont menacer les batteries. De notre compagnie de soutien on vient dire qu'il ne reste plus que trente hommes en état de tirer.

Une rumeur à notre gauche, l'infanterie anglaise va se porter en avant; les hommes fixent à leur fusil la baïonnette trapue.

Une accalmie; puis la canonnade reprend plus furieuse que jamais; on sent que l'infanterie allemande va donner l'assaut final : une trombe d'obus le prépare. Impossible de tenir plus longtemps. Une estafette apporte aux batteries l'ordre de se replier en couvrant de leurs feux la retraite de la brigade anglaise.

Comment amener les avant-trains sous ce feu terrible? A droite s'ouvre un chemin creux. Ordre aux avant-trains de se défiler dans ce chemin dont le haut talus les abritera ; on va traîner les pièces à bras jusqu'au point où le chemin s'ouvre en pente douce sur la prairie. Dans ces graves circonstances tout le monde fait pleinement son devoir. Un 150 tombe sur une pièce qu'il met hors de service. . . . .

Tout est confus dans ma mémoire, je suis assis contre un mur, la sueur inonde mon visage, à chaque fois que je passe mon mouchoir sur mes lèvres, il ramène une écume sanglante.

Train de blessés.

Depuis plusieurs heures nous voici en gare de R... et nous ne partons toujours pas. Ma pauvre tête bat la breloque, je sens que le délire me guette, une bizarre excitation s'empare de moi. A certains moments d'étranges figures géométriques se dessinent devant mes yeux ouverts, je vois de curieuses choses, des intersections qui seraient des volumes. Vais-je devenir fou ? Voilà maintenant que j'imagine le monde de l'hyperespace que jusqu'ici on conçoit seulement ; voici de quoi illustrer assez bien la pangéométrie de Lobatschewsky.

Cependant par instant mon pouls bat moins vite, je me sens plus calme. Nous sommes huit dans ce compartiment, huit que l'attente exaspère. Mon voisin, un lieutenant du génie, souffre beaucoup d'une balle dans la cuisse. Auprès de lui un sous-lieutenant de territoriale, M. I..., professeur à la

Faculté de Droit de Paris, serre les dents et se tait, il a une balle dans le pied. Les heures passent, on reparle de la bataille, toujours de la bataille. Avec notre manie d'offensive à outrance, les régiments d'infanterie ont attaqué avec tant d'ardeur que l'artillerie avait peine à les soutenir. Tantôt la préparation a été insuffisante, tantôt il n'y a pas eu de préparation, d'où des hécatombes.

Le Méphistophélès de Goethe conseille, lorsqu'on n'a point d'idée, de mettre un mot à la place. Chez nous le mot offensive a été mis à toutes les sauces. Tout officier qui n'écrivait pas en tête de son travail « j'attaque » était tenu pour un crétin.

Mon chef d'escadron ne savait comment nous ferions pour découvrir les batteries allemandes ; les règlements ne lui disaient rien d'utile à ce sujet. Le système allemand est à la fois simple et pratique : un avion de reconnaissance est attaché aux groupes d'artillerie, il survole le terrain, cherche les batteries ennemies, les repère, les signale au moyen de fusées, et bientôt 105 et 150 pleuvent.

Sur le quai, un officier d'administration pousse des cris de fureur. Il commente un article d'un certain M. Gervais ou Gervas qui raconte la mauvaise tenue au feu des troupes du 15ᵉ corps. Cet article semble un appel à la guerre civile. Que peut vouloir l'homme qui l'a écrit ? Ce M. Gervais, parfaitement inconnu d'ailleurs, est-ce un simple imbécile, un détraqué ? Qu'on l'enferme et qu'il n'en soit plus question. Un jeune lieutenant de tirailleurs d'origine provençale est pâle de fureur : blessé grièvement à la tête, seul survivant de sa compagnie, avec 14 hommes, il ne peut comprendre qu'en une heure aussi tragique on outrage ainsi sa patrie, et le voici qui parle des défaillances d'un corps d'armée qui n'est point précisément du Midi. Je le calme et il se tait. Ces incidents, s'ils sont exacts, ce qui est douteux, sont presque inévitables dans une armée qui vient de se trouver mal engagée sous un feu terrible. L'officier d'administration hurle toujours. C'est lui qui n'excuserait pas une défaillance. Ah ! s'il était sur la ligne de feu ! Oui, mais il n'y est pas...

Nous partons enfin, le train va lentement; aux stations, des dames de la Croix-Rouge nous offrent du bouillon, nous interrogent anxieusement. Malgré notre fatigue nous répondons, nous expliquons que ce sont de simples engagements-d'avant-gardes qui ont mal tourné après des alternatives diverses. C'est ainsi que je fais quelques pieux mensonges à un vénérable ecclésiastique qui m'a donné du chocolat. Mais dans d'autres wagons les hommes sont forcément moins discrets, et de mauvais bruits se répandent. A une petite station, une dame s'approche, nous demande des nouvelles d'un lieutenant dont elle dit le nom et cite le numéro du régiment, — elle a vu qu'un d'entre nous portait ce numéro à sa vareuse, — et notre camarade de répondre que ce lieutenant a été tué. C'est son mari, on pouvait le deviner. On voit de reste que nous avons la fièvre.

Nous n'arriverons donc jamais ! Nos nerfs sont à bout. On se tait. Quel cauchemar ! M. I... et moi tâchons de causer, nous parlons d'abord de la guerre. Les Allemands en somme pratiquent l'offensive stratégique et la défensive tactique. Il faut se raidir, tendre nos énergies, modifier notre méthode de combat. Nous autres avons présentement un devoir, nous retaper au plus vite et retrouver nos régiments. Puis nous tâchons de nous évader de ces pensées, nous parlons d'amis communs que nous nous sommes découverts, des tragédies de Racine, de la philosophie de Sénèque, peine perdue, nous ne pouvons arriver à nous créer une atmosphère d'illusions.

Nous voici à Paris, le train entre en gare, il était temps ! Des voitures de la Croix-Rouge viennent nous prendre, la foule est énorme et comme recueillie, quelques applaudissements, les automobiles s'ébranlent et nous emportent.

CHAPITRE II

AISNE ET CHAMPAGNE

(Novembre 1914 — Avril 1916)

Avec l'artillerie lourde.

Rétabli depuis deux semaines, j'attends mon tour de départ pour le front. Remplacé dans mon ancien groupe, où. irai-je échouer? Une occasion heureuse vient s'offrir : le régiment forme une batterie de 120 long, je suis le seul officier disponible connaissant ce matériel. On me charge de constituer et d'instruire la batterie en menant les choses rondement, car le gros calibre fait défaut sur le front. De plein cœur je me donne à cette tâche qui se poursuit dans de bonnes conditions, grâce au dévouement absolu des sous-officiers et au bon esprit des hommes; ces braves gens, qui n'ont pas encore fait campagne, ne demandent qu'à marcher. Ce sont de jeunes Lorrains arrivés depuis quelques jours à peine.

La batterie est instruite; le colonel commandant le dépôt vient la voir et s'en montre fort satisfait. C'est un excellent artilleur, qu'un état de santé médiocre empêche de participer à la campagne, il commande le dépôt avec une habileté, un zèle, une activité qui font l'admiration de tous. Journellement il accomplit de véritables tours de force ; il nous faudrait beaucoup d'officiers supérieurs comme lui.

Comme septembre s'achève, nous recevons l'ordre de nous préparer au départ. Deux officiers me sont adjoints : le lieutenant G..., ingénieur des Tabacs, fort distingué ; le sous-lieutenant M..., qui sort à peine de l'École centrale. Nous sommes ravis de partir ensemble. Hélas ! notre allégresse est de courte durée. Arrivent deux coloniaux, un vieux capitaine et un sous-lieutenant non moins âgé, qui demandent à partir avec la batterie. Du coup, mes camarades G... et M... vont chercher fortune ailleurs et, un peu dépité, je reste en présence de mes deux Tonkinois ; la glace se rompt peu à peu et finalement nous nous entendons.

Les ennuis commencent ; on disperse nos hommes qui connaissaient bien le 120 et on nous en donne d'autres qu'il faut instruire. Les circulaires du ministre de la Guerre pleuvent et se contredisent. Voilà notre départ reculé de deux à trois semaines. Les circulaires s'accumulent ; mon adjudant me dit un jour :

— Ah ! mon lieutenant, que ne faisons-nous la guerre à coups de paperasse, nous serions sur la Vistule !!!

Comme le gâchis n'est pas suffisant, la brigade intervient et l'augmente. Notre excellent colonel cherche à tout remettre d'aplomb. Tâche malaisée.

Le régiment voisin forme aussi une batterie lourde. Un chef de groupe nous arrive. C'est un officier démissionnaire qui a repris du service. En attendant le départ, on cause et on discute.

L'horizon se dégage : d'un coup de génie, Joffre nous a sauvés à la Marne et sur l'Yser. Nos alliés russes font une belle campagne, à ma grande surprise, je l'avoue. Les Anglais lèvent des armées. Il y a un gros point noir : la Turquie. Tout de même, les choses prennent bonne tournure ; un gros effort industriel qui nous donnera des canons et des obus, et nous serons sauvés. Décidément le bon génie de la France veille sur nous.

Après de longues péripéties, nous partons le 18 novembre pour Bourges avec un bon mois de retard. Là nous toucherons un matériel de 120 long transformé.

Par un froid de canard nous arrivons à Bourges. Il y règne une activité fiévreuse et un peu désordonnée. Nos hommes sont logés sous de méchants hangars, dont les planches joignent mal, et couchent sur la dure. Ils obtiennent à grand'peine un peu de paille pourrie, certains tombent malades. Les chevaux sont à la corde sous les rafales de neige et souffrent beaucoup. Les bureaux sont débordés, par moment et par endroits on nous accueille mal. Notre chef d'escadron en se dépensant sans compter finit, à force d'activité, par armer ses batteries ; il accomplit de véritables prodiges et en dix jours nous sommes prêts.

Les nations qui, comme la nôtre, se sont laissées avant la guerre distancer par les événements connaissent un jour de grandes difficultés. Il ne faut point négliger de pousser l'armement même la guerre commencée, sinon on s'expose à ne pouvoir ni réparer les premiers revers ni profiter des chances heureuses qu'offre le destin. Heur et malheur ont des causes lointaines qui tiennent surtout à l'organisation des États. Telle est la leçon de Bourges.

Nuits et jours de tempête.

La nuit tombe, il vente, il pleut. Mon sous-lieutenant et moi guidons péniblement notre batterie lourde sur la route qui monte de F... à M...

Il fait noir comme dans un four; de temps à autre un pinceau lumineux troue la nuit et balaie la route. C'est une automobile qui va nous croiser. On a juste le temps de crier au conducteur : « Appuyez à droite. » Nous atteignons le plateau, la route descend terriblement, des chevaux s'abattent, on les dételle, on les relève sous la pluie qui tombe à torrents, et en avant. Dans l'ombre, des silhouettes confuses se profilent : c'est un convoi. La route est étroite et les bas côtés en sont glissants; le convoi s'engage dans le fossé boueux, on entend des cris, des jurons; je pousse mon cheval en avant et interpelle les hommes des voitures; ils me répondent dans un charabia épouvantable, une sorte de sabir où l'espagnol domine. Un jet de ma lampe électrique me fait voir des soldats d'infanterie aux uniformes loqueteux, accroupis sous les bâches des voitures. Impossible de me faire comprendre. Un sergent arrive, il donne les explications; c'est un convoi de ravitaillement de la légion, ces hommes sont des gitans recrutés Dieu sait où, il comprend lui-même à peine leur patois. Au revoir et bonne chance.

Voici un canal, puis la rivière, et un double pont à franchir. A l'entrée du pont, mon camarade L..., adjoint au commandant, nous attend, crotté comme un barbet et trouvant le temps long.

— Hâte-toi, me dit-il, les Allemands ont tiré, voici vingt minutes, sur la tête de pont.

Quelle salade si un 150 arrivait dans la colonne! Nous passons sans encombre. A grands flots la pluie tombe toujours. Nous arrivons enfin à la ferme de F..., il est plus de minuit. Nous mourons de faim, il pleut, il fait froid, pas de bois pour faire du café, les hangars criblés de trous d'obus laissent passer la pluie, c'est la misère! On met les chevaux à la corde dans un lac de boue, on se blottit en grelottant dans les greniers et on dort jusqu'au petit jour.

Si les nuits sont pluvieuses, les journées sont livides, il fait froid et humide, il vente aigre. Triste climat!

Nous mettons en batterie à la lisière d'un bois.

Des hauteurs de C... les Allemands ouvrent le feu,
les coups tombent à notre droite, les 105 labourent
la terre, des colonnes de fumée noire tournoient,
les éclats s'éparpillent en sifflant. Les hommes travaillent avec ardeur. Tout est à faire : plates-formes
à construire, abris à creuser, épaulements à dresser.
Je place la batterie, travail délicat mais amusant
qui consiste d'abord à décliner la planchette ;
comme je ne connais pas la déclinaison je la calcule,
puis ayant par des visées sur les clochers des environs déterminé avec une exactitude suffisante les
coordonnées du point où je suis en station, je chemine jusqu'à la pièce de droite. Il fait froid, les
instruments gèlent les doigts...

... Les meurtrières de l'observatoire donnent des
vues sur C... et sur le plateau de V... Les tranchées ennemies se découpent nettement en gris sur
la masse sombre ; bien que le temps soit brumeux,
par instant les fils de fer étincellent. Et là, dans cet
observatoire, je retrouve un vieux camarade, un
camarade de régiment perdu de vue depuis bien
des années ; il est capitaine et commande de belle
manière une batterie de 75. Nous dînons ensemble
dans le château de l'endroit pittoresquement
éventré par des 105. Au matin, profitant de la
brume, nous franchissons le célèbre Carrefour de la
Mort. Notre expédition se termine bien. On nous a
salués comme il sied, une marmite a couvert nos
uniformes de terre, mais en somme les Allemands
ont tiré comme des maladroits, nous encadrant

toujours sans jamais nous atteindre. De part et d'autre le feu est assez vif, nous bombardons, et les Saxons ripostent, ou bien ils nous bombardent, et nous ripostons. La grosse affaire est d'avoir l'oreille fine et attentive, la marmite siffle, on plonge dans la boue et on s'en tire. Peut-être arrivera-t-il un jour, où.....

Lorsqu'en septembre le corps d'armée arriva ici, poussant devant lui les Allemands en retraite, nos soldats entraînés par leur fougue méridionale allèrent si loin qu'ils se trouvèrent en flèche fort en avant du reste de l'armée. Maubeuge tombée, la contre-attaque ennemie arriva, ils tinrent bon. Et, finalement, notre situation tactique peut de ce chef devenir dangereuse. En face de nous les Allemands occupent le plateau qu'ils ont couronné de tranchées ; nous en tenons les abords à mi-pente et nous sommes là un peu comme un chat accroché à une gouttière. Les petites vallées qui creusent le plateau et dont nous occupons les fonds nous exposent à des feux concentriques ; sur notre droite, du côté de La Ville-aux-Bois, la ligne boche nous prend en écharpe. A dos nous avons l'Aisne et son canal latéral, les ponts sont sous le feu des batteries ennemies. Bref, la situation est délicate et seules des troupes exceptionnellement solides peuvent tenir ici. Les points d'appui manquent, ils se réduisent à deux mouvements de terrain et à quelques bois.

Ténacité, habileté et prudence, telle doit être notre devise.

Alerte !

Nous logeons maintenant dans un village où quelques maisons sont encore debout, abris à peine acceptables contre le froid humide de ce mois de décembre ; plus de vitres aux fenêtres, toits crevés, murs lézardés. Les batteries sont à quelques centaines de pas des maisons ; à 1.600 mètres, la ligne allemande, qu'un petit bois masque, nous domine.

Il est 22 heures, nous venons de nous coucher ; enfoncé dans mon sac de couchage, je cherche à me réchauffer, tâche malaisée ; il passe de grands coups de vent qui font trembler toute la baraque. Une bougie posée sur le pavé m'éclaire faiblement et je lis Lucrèce :

> Hæc igitur natura tenetur corpore ob omni,
> Ipsaque corporis est custos et causa salutis ;
> Nam communibus inter se radicibus hierent :
> Nec sine pernicie divelli posse videntur.

Non, non, mon corps mourra ; tout à l'heure peut-être ; mais mon âme elle est immortelle, je le crois, j'ai besoin de le croire.

Soudain des sifflements aigus déchirent l'air, ils sont suivis des miaulements caractéristiques du 77. D'un bond je me lève et regarde ma montre, il est 22ʰ 3o. Vivement je boucle mes leggins, dans le même moment le feu d'infanterie crépite, les mitrailleuses claquent dans les tranchées allemandes ; les nôtres répondent tout de suite et les 77 et les

105 par groupe de quatre et de six tombent sur le village ; les éclats cinglent les toits, on entend se briser les tuiles. Comme j'enfonce mon revolver dans sa gaine, un planton entre haletant :

— Mon lieutenant, attaque sur tout le front du secteur.

— Bien, viens avec moi.

En courant, je sors dans la rue, suivi de mon planton. Les obus arrivent toujours, des fusants et des percutants ; nous ne recevons rien ; me voici sur la route qui mène à l'observatoire ; des coups de mitrailleuse le balaient, des hommes qui se hâtent vers leurs postes de combat tombent et roulent sur le sol ; mon planton hésite, c'est la première fois qu'il voit le feu et cette scène fantastique le terrifie ; je le prends par le bras et le remonte de mon mieux. Nous allons passer d'un seul élan, peut-être ne recevrons-nous rien ; c'est une chance à courir. Nous passons ! Une rafale de mitrailleuse éclabousse la boue derrière nous, à gauche un arbre est fauché par un obus. Nous arrivons à l'observatoire et à mon tour je déchaîne nos gros canons qui envoient dans la nuit leurs projectiles à la mélinite.

Peu à peu le feu se calme ; puis il s'éteint graduellement ; encore quelques coups de fusil isolés. Un homme me tend le carnet de tir, il s'affaisse, une balle dans le cou : les infirmiers l'emportent et le docteur s'empresse. Un coup de téléphone : « Cessez le feu ! » C'est fini.

Au retour, un bon grog très chaud et le tiède abri du sac de couchage.

C'est une alerte. Une pauvre petite alerte. Les Allemands ne sont même pas sortis de leurs lignes.

Au petit jour je monte à la tranchée ; on y tiraille encore. Il faut par endroit se baisser pour ne pas recevoir une balle dans la tête. On patauge dans la boue gluante. Je me hisse à un créneau et doucement je lève la tête ; mes yeux effleurent la margelle, le regard passe ; voici la sucrerie sur laquelle nous devons tirer. Rapidement j'en prends un croquis qui facilitera le réglage. On me tire par la manche, c'est un sergent d'infanterie :

— Descendez mon lieutenant, vous allez vous faire tuer.

Ce brave homme a raison, tout à mon dessin j'ai été imprudent.

Des sifflements ; des 105 passent. Des explosifs fusants, mauvaise affaire ; nous partons en courant ; je suis le sergent et nous barbotons dans les flaques d'eau comme des canards, heureusement le tir est long, les éclats tombent à notre droite. Devant nous un soldat accroupi nous barre la route ; on l'interpelle, il ne répond rien, il est mort ; un éclat de 105 lui a traversé le crâne et il est resté accroupi dans la position d'un chasseur à l'affût. Quelle misère ! Combien de temps la guerre durera-t-elle encore ? Qu'importe après tout ! Nous ne sommes pas ici pour nous plaindre, nous sommes des sacrifiés, nous autres. Notre métier est de nous battre et de vaincre.

La vie au front.

Nos heures sont lentes. Quand donc reprendra la guerre de mouvements? Reprendra-t-elle jamais? De la mer du Nord à la Suisse courent parallèlement les deux lignes de tranchées ennemies; chacun des adversaires s'est tapi derrière son cordon mince et solide.

Je ne sais plus quel écrivain a raconté que cette guerre était une vaste partie de cache-cache; rien de plus exact. A cette illusion contribue même la sobriété de nos uniformes; car ils sont sobres maintenant, sobres et sales.

Nos batteries aussi jouent à cache-cache. Elles se dissimulent sur les contre-pentes, dans les bois, derrière les haies, sous les arbres. Il leur faut un masque sérieux qui les défile à la vue et aux lueurs, qui les dérobe aux investigations des avions et du drachen-ballon. Lorsque le bois n'existe pas on le plante; on construit des haies artificielles, des toits en feuillage; on camoufle comme on peut, du mieux qu'on peut, on imagine des teintes qui se confondent avec celles du sol. Nous voici passés peintres en décors d'opéra.

Voilà la batterie à l'abri des regards indiscrets. Il faut aussi la mettre à l'abri des obus, loger le personnel. On construit des abris souterrains, des cagnas blindées, des niches à munitions. Peu à peu de petits villages s'enfoncent sous terre; au

revers des talus un peuple de lapins héroïques
creuse ses terriers. A grands renforts de madriers
et de rondins, les abris surgissent du sol, là où on
ne peut le creuser. L'eau est notre principal ennemi, car souvent nous ne pouvons pas l'épuiser.

Cependant les avions ennemis rôdent et il ne
faut pas se laisser voir. Du lever au coucher du
soleil des guetteurs veillent, fouillant l'azur de
leurs jumelles. Si un avion paraît, vite ils l'identi-
fient; est-il allemand? un guetteur saisit sa trompette, lance sur la batterie une longue note cuivrée
et toute la gent artilleur de se couler dans ses
retraites.

On voit des batteries mal placées, mal camou-
flées qui cependant ne sont pas repérées. C'est
ainsi qu'une section de 95 sur notre gauche resta
en position pendant de longs mois à 2.000 mètres
des lignes dans un méchant bouquet d'arbres qui
dissimulait mal les canons et pas du tout les
lueurs : ceci prouve que tout arrive à la guerre et
encore qu'ici comme ailleurs il faut des exceptions
pour confirmer la règle.

Nous ne gardons sur la ligne de feu que les
canons et le personnel destiné à les servir. Le
reste : avant-trains, chariots de parc, forge, four-
gons et fourragères, l'échelon en un mot, est
envoyé à quelques kilomètres en arrière. L'échelon
s'installe dans les villages non bombardés, dans
des fermes peu repérées, ou bien on construit des
baraquements et promptement un village champi-

gnon surgit du sol. On plante des arbres, on construit des routes. Des huttes spacieuses et parfois
élégantes bordent des rues aux noms sonores et
évocateurs : rue de Normandie, place du Languedoc.

Cependant les caissons et les échelons restent
avec leurs batteries, lorsque à proximité des pièces
des grottes existent. Ces grottes, spacieuses et profondes, s'ouvrent dans la falaise crayeuse ; ce sont
des creutes, comme on dit dans le pays. On y est à
l'abri des intempéries et des explosifs les plus
puissants. Nous venons d'avoir pour la Noël une
belle messe de minuit dans une de ces creutes, à
100 mètres de la tranchée boche.

Revenons à nos batteries. De jour en jour on en
perfectionne la protection. On construit de solides
traverses entre les pièces et un système savant et
complexe de couloirs gabionnés et d'abris blindés.
Les marmites peuvent pleuvoir. Et de fait, à certains jours elles pleuvent.

Le téléphone règne en maître. Comme les nerfs
vont du cerveau aux muscles, le réseau aérien
et souterrain court du P. C. aux batteries à travers
plaines, bois et vallons. Pénétrons dans un poste :
c'est une cabine rectangulaire fortement blindée,
de solides madriers étaient les terres, plusieurs
couches de rondins et des tôles ondulées forment le
plafond. Voici un standard à vingt-quatre directions
et plusieurs appareils portatifs, dans un coin l'appareil récepteur de T. S. F. ; une grosse lampe à

acétylène se balance au plafond. Le poste serait froid et humide sans un petit poêle qui brûle jour et nuit. On remonte par un escalier en terre glaise, fort raide; il débouche sur notre cimetière entretenu avec une pieuse et tendre sollicitude. Les tombes alignent d'humbles croix de bois toutes pareilles, elles ont des bordures de petits cailloux, ou encore des douilles vides leur font une ceinture cuivrée.

. . . .

Nous partons de grand matin pour le poste d'observation de la tranchée A Z, il fait un temps doux et pluvieux, une brume légère limite la vue et déforme les objets. Le maréchal des logis qui m'accompagne affirme que ce brouillard ne tardera point à se lever, que nous pourrons convenablement régler notre tir, c'est possible. Nous pataugeons dans une boue profonde; elle s'étale aussi bien aux flancs des coteaux que dans le chemin qui n'est qu'un vaste bourbier. Voici la tranchée, la pluie de la nuit l'a transformée en canal. Que ce mot n'évoque en rien les fièvres romantiques de la voluptueuse Venise. Des têtes sortent des guitounes, les hommes sont soigneusement blottis dans leurs abris étroits et au passage ils me disent bonjour. A force de travailler ensemble, nous nous connaissons tous :

— Bonjour, les enfants.

— Bonjour, mon lieutenant, vous allez bien?

Et ils sont contents, la lourde va tirer!

Décidément nous faisons les choses trop à demi.

Quelques travaux de plus rendraient la tranchée, je ne dis pas confortable, mais plus habitable ; pourquoi ne pas les exécuter ? Les Allemands ont sur nous cette supériorité ; ils s'installent plus complètement : abris, souterrains mieux blindés et mieux chauffés, éclairage électrique. Ils font bien ce qu'ils font, habitude prise dès l'enfance. Au lieu que chez nous on a pris de mauvaises habitudes en temps de paix et, aujourd'hui, les meilleurs soldats ne font leur service qu'à peu près.

Nous enfilons un boyau peu profond ; couchons-nous, des balles sifflent. Ces belles amies si peu bruyantes vous cueillent au passage avec une remarquable facilité. Nous courons jusqu'à l'observatoire. Pour y pénétrer, on soulève une toile de tente qui sert de portière, un observatoire doit être un lieu obscur, la chambre noire de l'appareil photographique ; éclairé, sa meurtrière le décèlerait à l'ennemi qui verrait sur le fond sombre de la tranchée une raie lumineuse.

C'est un réduit étroit, muni d'une longue visière que ferme un volet mobile. Dans un coin un téléphoniste est assis devant un appareil à vibreur.

Nous soulevons le volet ; à 600 mètres environ un plateau qui s'incline vers nos tranchées par une pente douce rayée de lignes grises et noires : c'est la ligne allemande ; en vain fouillons-nous à la jumelle les moindres plis du terrain, rien n'y bouge. Le tir commence ; le téléphone nous relie à la batterie qui est à 2 kilomètres en arrière : « Long

100 mètres environ, court 150 mètres, à gauche 15 décigrades, à droite 20 décigrades, etc., etc. » La grosse affaire est de ne pas tirer trop court pour ne pas taper dans nos postes d'écoute. Il faut se défier de la dispersion.

Un réglage de tir ! Quelle opération semble plus simple ? Et rien n'est plus compliqué. Il faut régler la direction en décigrades, la portée en degrés et en minutes, déboucher les évents en dixièmes de seconde (si on tire fusant), il faut tenir compte de ce fait qu'un canon n'est pas un instrument mathématiquement précis, qu'entre deux coups tirés avec les mêmes éléments existe toujours un certain écart, et on se précipite tête baissée dans les mystères de la dispersion, dans le labyrinthe du calcul des probabilités. Enfin, il faut voir, savoir observer, conduire le feu, scientifiquement certes, mais aussi avec art en y portant ce je ne sais quoi qui ne s'apprend pas, en ayant pour tout dire le flair de l'artilleur.

Sifflements, miaulements, le 77 riposte, on dirait un matou en colère. Les choses deviennent plus sérieuses, un ronflement ébranle l'air, nous nous aplatissons instinctivement contre les murs de l'abri ; une forte détonation, la terre tremble.

— C'est un 150, me dit le sous-officier.

D'autres arrivent. Ils marmitent notre boyau, les chameaux ! Le tir est terminé, nous sortons. Dans le boyau, deux infirmiers transportent avec peine un blessé ; le pauvre camarade est bien touché, à la têté, aux bras et aux jambes ; sur sa figure terreuse la mort pose déjà sa griffe. Les infirmiers se couchent, nous les aidons de notre mieux et les balles pleuvent, promptement notre lamentable cortège poursuit sa route.

. . . .

L'hiver continue et la boue règne toujours en souveraine. La boue, ce nouvel élément qui disputa un moment la Pologne à Napoléon.

Les tranchées et les boyaux, les routes et les chemins, les champs et les clairières ne sont que lacs de boue. Et la pluie tombe sans discontinuer, pas de gourbis, pas de cagnas que l'humidité n'envahisse. Que de beaux rhumatismes en perspective ! Nous résistons toutefois, il y a peu de malades, l'organisme humain est très malléable. La grosse affaire est d'avoir un bon moral, tout est là. De part et d'autre on bombarde les cantonnements ; recevoir des marmites à la tranchée, dans les batteries, c'est normal, c'est classique, si j'ose m'exprimer ainsi. Mais se faire canarder dans un cantonnement ?... Outre que la chose est romantique, elle est désagréable. En général, le premier coup seul est dangereux à cause de la surprise ; lorsque les autres arrivent, tout le monde est à l'abri. Le premier coup nous a tué ou blessé un jour 29 hommes, c'est beaucoup. Rien à faire pour se garantir de la première salve ; c'est une chance à courir, voilà tout.

. . . .

L'hiver s'achève et fait place au jeune printemps. On distribue aujourd'hui des couteaux aux hommes des tranchées. Nous voici revenus aux coutiliers du Moyen Age. Reverrons-nous piques et pertuisanes? Pourquoi pas. Lorsqu'il existera des appareils produisant des ondes qui feront sauter à distance les dépôts de munitions, nous assisterons à des spectacles singuliers. Un homme pousse un commutateur et en pleine mer les cuirassés explosent, sur terre les poudrières volent en éclats, les obus partent dans les coffres, les cartouches s'enflamment dans les gibernes. Il faudra se battre à l'arc, à l'arbalète, à l'arme blanche; en un mot le pilum et le glaive ibérique seront de nouveau rois des batailles.

J'amuse beaucoup de Montesquiou lorsque je lui expose ces théories à la Wells. Je le vois arriver, un solide bâton à la main, et tout de suite j'entends son franc éclat de rire. Auprès de lui les heures s'envolent vite, sa conversation au charme pénétrant est un enchantement; s'il plaisante, c'est avec une grâce aimable; s'il parle de choses graves, il a un accent profond qui prend l'âme. Son érudition est immense. Il me semble le revoir en relisant ces notes; une si belle intelligence, un si grand cœur, rien n'a désarmé la mort, il est tombé en Champagne, frappé en tête de ses hommes, comme il les menait à l'assaut.

. . . .

Tout arrive, même la belle saison; avec elle le

secteur devient calme ; mon ami L… et moi faisons de longues promenades à cheval en échangeant nos pensées et nous parlons toujours de la guerre. Il y a eu des erreurs stratégiques. Ne pas avoir paré à l'attaque par la Belgique ; on est parti d'une idée fausse, on s'est laissé guider par de vieilles conceptions, on a refusé d'ouvrir les yeux. Erreurs romantiques ; on avait négligé d'étudier les campagnes modernes pour édifier en vase clos une doctrine de guerre qui devait s'écrouler au contact de la réalité. On ignorait l'action prépondérante de l'artillerie, la puissance défensive des tranchées et du fil de fer. L'éducation militaire de l'armée, sa préparation étaient mauvaises, nos approvisionnements en munitions insuffisants.

On pourrait écrire de longues pages sur nos erreurs.

D'abord un esprit trop scolastique qui conduit à écrire des phrases comme celle-ci : « En l'absence *forcée* d'un génie suffisant, où trouver les moyens de conduire rationnellement la guerre avec de pareilles masses d'hommes, sinon dans un corps d'officiers rendus capables par la méthode de travail…, animés d'un même esprit, obéissant à la même discipline intellectuelle. »

Ainsi plus de grand homme de guerre, la liste en est donc close ? A la place d'un Lucullus ou d'un César, d'un Annibal ou d'un Napoléon, un groupe de bons élèves, une école méritoire qui finalement nous a donné des officiers sérieux, d'excellents expéditionnaires appliqués et travailleurs, capables *de transmettre des ordres,* un point c'est tout.

Ces braves gens ont un mot, un mot magique : offensive ! Je cite encore : « La méthode offensive *seule* peut forcer la victoire et y préparer les autres, en cultivant avec passion, avec exagération et jusque dans les détails infimes de l'instruction, tout ce qui porte la marque de l'esprit offensif : allons jusqu'à l'excès et ce ne sera peut-être pas assez. » Nous voilà en plein délire, cette manière de concevoir l'offensive comme une sorte de dogme est une sorte de mysticisme qui trouble et détraque les cervelles.

Joignez à cela l'esprit de bouton poussé jusqu'à l'exagération : « Il faut ignorer les principes les plus élémentaires de la biologie pour croire qu'un officier de haute valeur intellectuelle soit apte à remplir, tantôt des missions d'un ordre élevé, tantôt des missions d'un ordre infime... L'homme d'élite, à l'intelligence vive, au cœur ardent, peut devenir rétif quand on ne sait pas l'utiliser complètement. » Commenter ces lignes savoureuses serait un sacrilège.

Le maréchal de Saxe a dit : « La guerre a des règles dans les parties de détail ; elle n'en a pas dans le sublime. » Il savait la guerre, ce semble, mieux que le professeur X... ou le professeur Y... Nous n'avons pas idée de la tyrannie qui a pesé sur notre armée. Les hauts mandarins au nom des doctrines de feu le capitaine Gilbert (un esprit

faux) ont bridé et brimé plusieurs générations d'officiers.

Et cependant nous nous sommes tirés d'affaire
parce que la troupe s'est bien battue, grâce à nos
facultés d'adaptation, enfin parce que, dans ces
heures tragiques, le généralissime et quelques-uns
de ses collaborateurs ont eu de belles inspirations,
la pensée féconde et créatrice qui mène à la victoire. Qu'on le veuille ou non, la retraite de Charleroi et la bataille de la Marne compteront au
nombre des plus belles conceptions militaires de
tous les temps.

Si notre organisation militaire avait été meilleure,
si, dès le temps de paix, le Gouvernement avait
mieux fait son devoir, notre belle victoire devenait
un triomphe. On discute cette victoire de la Marne,
on nous raconte que nos chefs n'y sont pour rien,
qu'elle est due à une série de hasards heureux et
au courage des troupes. Il est bien certain que nos
troupes se sont admirablement battues, comme les
Français savent se battre : c'est dans la race, c'est
dans le sang. Pour les hasards heureux c'est une
autre affaire. Je ne dis pas que le généralissime ait
tout calculé, tout prévu, car l'intelligence humaine
ne saurait tout calculer et tout prévoir. Mais, en fait,
cette bataille il en a ordonné l'ensemble dès le
27 août, il l'a en quelque sorte schématisée, et lorsqu'elle commence le 5 septembre, on peut dire que
par avance il en a prévu toutes les grandes lignes.
Ah ! si le général Joffre était de l'autre bord ! Mais

voilà il n'en est pas et c'est un sapeur ! Il n'en reste
pas moins que, vainqueur dans la plus grande bataille de tous les temps, il entre vivant dans l'im-
mortalité,

Voilà la Russie qui reçoit la veste. Au début de
la campagne elle a fait un effort gigantesque qui a
surpris tous ceux qui connaissent les Slaves, mais
aujourd'hui la débâcle commence. L'armée russe
n'était pas outillée pour une longue campagne, elle
n'a plus de munitions, pas de voies ferrées, pas de
routes, elle est perdue ! C'est une race très inférieure
que la race slave, je la crois même destinée à végéter
toujours dans les basses couches de l'humanité.

La Turquie en entrant en guerre a coupé nos
communications avec la Russie, et c'est désastreux.
Quelle bêtise que de nous être mis les Turcs à dos,
c'est encore la faute des Russes. Ce sont de jolis
alliés. On cherche aujourd'hui à forcer les Dardanelles, un coup de main pouvait réussir, une attaque qui aura les allures d'un siège, non.

Heureusement l'Italie marche. Divine Italie que
pare éternellement le sourire de la beauté latine,
terre classique de la vaillance et de la beauté.

. . . .

En avion.

Depuis quelque temps on demande aux officiers
d'artillerie de faire des reconnaissances en avion
pour étudier le terrain sur lequel ils tirent. L'idée

est heureuse. Aujourd'hui c'est mon tour. J'arrive au parc qui est à quelque 12 kilomètres de nos batteries. J'y retrouve de bons amis qui me mènent voir les nouveaux Caudrons bi-moteurs. Nous bavardons. On regarde le ciel : temps superbe, une voûte d'azur, mais il vente un peu fort, gare au tangage. Je passe des vêtements de cuir chaudement doublés, je coiffe le casque, on m'attache sur mon siège. Un dernier regard pour tout vérifier : voici, à portée de la main, la carabine, notre seule arme en cas de mauvaise rencontre ; sous mes yeux une carte. Le pilote B... prend place derrière moi sur notre biplan. En route. Un brusque démarrage dans un nuage de poussière, nous roulons, nous décollons, nous montons. Il faut du temps pour prendre de l'altitude. Dans une vibration intense, l'appareil pique droit à travers l'air limpide. Au-dessous de nous les bois s'étalent, coupés de routes blanches, les ruisseaux serpentent. Quel beau plan en relief ! Tels des jouets d'enfants paraissent fermes et maisons. Nous montons toujours, il commence à faire froid, le remous de l'hélice est désagréable. Nous décrivons d'immenses cercles, et il n'est pas toujours aisé de s'orienter. Les lignes allemandes sont là-bas ; ce sont ces taupinières aplaties, zébrées de lignes blanches. Voilà ces positions fameuses qui, depuis de longs mois, nous arrêtent. Quelques flocons jaunes et noirs, les Boches nous sonnent. Maintenant ils nous sonnent vigoureusement, les éclatements sont encore loin, ils ne deviennent dangereux que lorsqu'on les entend. Ce n'est pas le cas. Que faire lorsqu'on est pris sous le feu? Les avis sont partagés. Les uns préconisent de brusques changements d'altitude, des crochets en direction. D'autres conseillent de poursuivre imperturbablement sa route en comptant sur son étoile, sur sa sacrée majesté le hasard. C'est ce que nous faisons. On y voit bien, c'est le moment d'orienter la carte. Ce repli est-il occupé? Oui, on le dirait. Mais l'est-il par une batterie en chair et en os, si j'ose ainsi m'exprimer, ou bien est-ce une position soigneusement camouflée? Mystère. Voici des boyaux nouveaux que les dernières photographies n'indiquent pas. Sur la route blanche qui s'allonge à perte de vue, pas un mouvement, ni une voiture, ni un cavalier, ni un piéton. Quelle admirable discipline de cantonnement.

Je cherche à voir plus loin; certains observateurs arrivent à se servir fort bien de la jumelle, ils se sont assouplis à cet exercice; je manque d'habitude, les vibrations du moteur font trembler l'oculaire contre mon arcade sourcilière. J'y renonce. Déjà la brume monte de la rivière, elle s'élève, légère, et gagne rapidement; nous rentrons. A toute allure mon pilote pique vers le sud-est. Voici là-bas le parc d'aviation avec ses grands hangars de toile; une belle descente en spirale, nous voilà sur la prairie, je me dévêts, serre la main de mes camarades, et d'un temps de galop rentre retrouver mon chef d'escadron.

Artillerie.

J'ai été faire visite au colonel V... qui commande présentement en ces lieux. Avant la guerre, nous avions des relations mondaines. Sous les mêmes lustres dorés nous nous rencontrions, lui, en uniforme d'officier d'état-major, moi, sous l'humble harnais du simple civil. Je crois même, ma parole, avoir pendant quelques heures courtisé un de ses flirts. Ces fréquentations ont tissé des liens ; lorsque nous nous voyons nous échangeons des amabilités. Philinte savait la vie, Alceste n'est qu'un faquin ridicule et un mal appris.

Le colonel me dit :

— Nous sommes victimes dans cette guerre de l'engouement des artilleurs pour leur 75 ; ils nous ont raconté qu'il suffirait à tout, voyez le résultat !...

Comme je n'ai aucune des qualités d'un mien ami qui, par la magie de son art, transforme en excellente une mauvaise cause, je me tais.

Mais est-ce bien les artilleurs seuls qui sont coupables ? L'école de guerre, l'état-major et leur doctrine officielle ne le sont-ils pas tout autant ? Ce n'est pas que je veuille défendre les artilleurs, je recherche la vérité, voilà tout. Or, après la défense géniale de Plevna par Osman-Pacha, après la guerre du Transvaal et la guerre russo-japonaise, il devint bien évident que les progrès de l'armement moderne transformaient la guerre en rase campagne en guerre de siège. En un mot, que par une évolution logique nous retournions à la guerre de position des dix-septième et dix-huitième siècles. Du coup les fronts devenaient, je ne dis pas invulnérables, mais de plus en plus difficiles à enfoncer, et la défensive gagnait tout ce que sa rivale l'offensive perdait.

Les Allemands, à la lueur de ces faits, construisirent leur artillerie lourde qui devait leur permettre de briser les lignes fortifiées. L'empereur Guillaume II écrivait : « La guerre de siège prend de plus en plus d'importance à mesure que se développent les travaux de fortification du temps de paix et que se perfectionnent les moyens d'attaque et de défense. » Krupp construisait son redoutable matériel lourd à tir rapide.

Chez nous il est certain que bien des artilleurs marquaient une hostilité farouche et ridicule à l'artillerie lourde, mais n'étaient-ils pas encouragés et sollicités même à adopter et à conserver cette attitude par la doctrine officielle qui ne rêvait que manœuvre et mouvement ? On voulait un petit canon léger, bien en main, qui évoluerait à toute allure sur le champ de bataille. Le général Langlois écrivait : « Des canons lourds dans une artillerie de campagne dont la mobilité doit être une des qualités maîtresses, sont un encombrement inutile, et le transport de leurs pesants projectiles, surtout sur routes, est une grave complication ; qu'ils restent dans les équipages de siège. Il ne doit y avoir, dans les batteries de campagne, qu'une sorte de canon, de manière à réaliser l'unité de calibre, canon léger, passant partout, à tir rapide. »

Voilà une opinion nette et franche, émanant d'un homme d'une parfaite bonne foi, et qui était loin d'être le premier venu.

C'est en vain que le général de Négrier, le général K..., le général H..., qui, lui, arrivait des champs de bataille de Macédoine, combattaient hardiment les doctrines officielles ; ils ne furent pas écoutés.

Vainement aussi le colonel Rimailho écrivait cette phrase prophétique : « Quand des troupes d'assaut se heurtent à un obstacle qui ne veut pas céder, la plus lourde artillerie à ce moment devient la meilleure. » Enfin, le mal est fait, n'insistons pas.

Puis le colonel m'a parlé du matériel de Bange et aussi du 95 ; ici j'ai élevé la voix :

Il ne faut pas dire trop de mal de ce vieux matériel : il a des qualités balistiques remarquables ; il est puissant et précis, il porte assez loin ; construit pour des charges de poudre déterminées, il en a pu supporter de plus fortes qui ont encore augmenté sa portée. Depuis l'invention des cingolis, une partie de ce matériel à tir lent est passé au tir accéléré, ou presque. Les canons sont robustes, on peut les trouver lourds, mais en ce moment ceci importe peu. Si le 75 nous a sauvés à la Marne, ce matériel vénérable nous a tirés d'affaire pendant la première partie de la guerre de position.

Avant l'attaque.

On dit que nous attaquerons vers la fin de l'été. Puisqu'on ne peut ni manœuvrer l'ennemi sur ses ailes pour le déborder et le tourner, ni porter la guerre ailleurs, force est bien de percer le front quelque part, de le rompre sur une étendue plus ou moins large pour tenter ensuite une manœuvre de grand style. Si l'on agit par une surprise, on ne pourra la tenter qu'avec des moyens réduits, puisque surprise veut dire secret absolu et préparation discrète. Si on monte une attaque à grande puissance en accumulant en masse les moyens d'action, l'ennemi le saura forcément et rassemblera en face des moyens semblables.

En somme, voilà le problème : étant donné que l'ennemi est disposé en cordon de la mer du Nord à la Suisse, ce cordon a des points faibles, il les faut connaître, et bien distinguer pourquoi ils sont faibles, la propriété du terrain et les effectifs jouant ici leur rôle. Il faut ensuite attaquer un de ces points faibles par surprise et en même temps avec des moyens puissants !!!

Le problème résolu, le front sera rompu. Je veux dire que les premières lignes seront tombées ; en arrière il peut s'en trouver d'autres, connues ou secrètes, ou bien il peut s'engager une guerre de mouvement partielle dans laquelle l'assaillant peut se faire battre.

De toute manière l'assaillant devra disposer d'une grosse supériorité numérique et matérielle. Or, cette supériorité nous ne l'avons pas. Attaquer en ce moment est une erreur. Il faut attendre, user l'adversaire, le grignoter, suivant le mot fameux du père Joffre.

L'attaque de septembre.

Nous avons organisé nos positions de deuxième ligne. Pendant plusieurs mois on avait négligé, grave imprudence, de prendre la moindre précaution. Puis, brusquement, sous l'impulsion du général de Castelnau, dit-on, tout a changé, on s'est mis au travail. Et quel travail ! Creuser des tranchées, construire des batteries, organiser des têtes de pont, établir un immense réseau téléphonique. On pousse les hommes, on les bouscule, notre général veut que tout soit fait vite et bien ; il arrive à l'improviste en automobile, court et gesticule, attrape l'un, attrape l'autre, prétend que nous ne serons jamais prêts. Nous avons surnommé l'excellent homme « qu'on s'agite, qu'on se remue ».

Le résultat de ce travail acharné est remarquable. Que notre première ligne vienne à céder sous une poussée vigoureuse, nous passerons la rivière et, dans de superbes positions bien aménagées, ayant devant elles un large fossé qui les précède, ménageant un champ de tir idéal, nous attendrons l'ennemi.

Nous voudrions bien souffler un peu, mais, hélas ! l'heure n'en est pas encore venue. Un autre travail nous attend, nous préparons l'attaque, la grande offensive qui, au dire des enthousiastes, doit ramener l'ennemi sur la Meuse et peut-être jusqu'au Rhin.

L'infanterie pousse activement ses sapes et se prépare à construire les parallèles de départ, les premières tranchées d'où surgiront les vagues d'assaut. L'artillerie construit des positions de renforcement ; positions enterrées, blindées, casematées, suivant l'état des lieux et la nature du terrain. On renforce les observatoires, on crée une série de postes de commandement. Je suis chargé de construire le réseau téléphonique du régiment, car notre chef d'escadron reçoit son cinquième galon et commande un régiment. Au début de la campagne nous installions des lignes aériennes sur de simples perches ; les éclats d'obus, le souffle des projectiles suffisaient à les briser. Maintenant nous creusons de petites tranchées où les lignes courent, supportées par des isolateurs cloués sur des planchettes de bois. Ces tranchées ont 50 centimètres de largeur, 80 centimètres de profondeur, leur réseau couvre au loin les plaines et les monts. Partant du poste de commandement du colonel (le cerveau), elles vont aux observatoires (les yeux) et aux batteries (les muscles). Que de conférences avec mes sous-officiers sur l'opportunité de tel ou tel tracé ! Que de courses pour surveiller les hommes, les réconforter pendant le travail qui, sur certaines crêtes très exposées, ne peut être exécuté que de nuit. Le colonel est un esprit large, une belle intelligence, quel dommage qu'il soit confiné dans ce commandement modeste ! 14 batteries ! Il y avait en lui l'étoffe d'un grand chef. Un certain jour de juillet il m'a fait appeler et m'a demandé de construire un réseau téléphonique considérable, 150 kilomètres environ dans une région difficile, une fois le réseau construit il me demandera de l'exploiter. Lui ne veut entrer dans aucun détail, mais il veut dans deux mois pouvoir communiquer avec tous ses supérieurs, avec l'infanterie, avec ses quatorze batteries, avec le parc, avec les sections de munitions, etc... Il entend, sous le marmitage le plus intense, être toujours relié avec tout son monde, de plus il veut des liaisons optiques dans toutes les directions pour doubler les divisions électriques, et il me dit très simplement : « Débrouillez-vous. » Mais en revanche il me donne tout ce que je lui demande. J'ai plus de 250 hommes, téléphonistes et travailleurs, qui se relaient jour et nuit ; j'ai du fil à profusion, tous les appareils que je désire, les plus simples et les plus compliqués. J'ai voulu deux appareils complets de T. S. F., il me les a fait obtenir. En un mot il m'accorde tout sans rien discuter, sans rien vérifier, il jugera mon travail à ses résultats. Voilà un véritable chef.

Les Allemands se tiennent tranquilles : ignorent-ils nos travaux ? Non certes, ils attendent, voilà tout. De temps à autre, sur leurs tranchées, se dressent des pancartes : « Venez-y, nous vous attendons. » Ici une parenthèse. Pendant plusieurs mois nos lignes sont restées très faibles, nous les occupions mal, et à dos nous avions, comme je l'ai déjà rapporté, une rivière et son canal latéral. L'ennemi tenait nos ponts sous ses feux, il avait là une belle occasion. Il pouvait faire subir un gros échec à plusieurs divisions et gagner du terrain, cela à peu de frais. Pourquoi n'a-t-il rien tenté ? Mystère. Son service d'espionnage serait-il moins parfait qu'on ne le dit ?

Nos préparatifs vont bon train, mais serons-nous prêts ? En ce qui me concerne je suis en retard. Le colonel me rassure, l'artillerie est moins prête que moi. Enfin, un dernier effort, nous bouclons. Nous avons tous travaillé avec une telle ardeur que, par un mouvement assez naturel de l'âme, nous croyons maintenant au succès. Seule, ma raison, ma belle souveraine, me dit que nous ne passerons pas.

Les hommes ne demandent qu'à marcher. D'ailleurs les hommes marchent toujours. Pour qui sait prendre ces braves gens rien n'est impossible, et de tout temps il en a été ainsi; on peut demander n'importe quoi à un soldat, il y a la manière, voilà tout. Xénophon rapporte dans l'*Anabase* qu'il fut chargé un jour d'enlever une hauteur d'où les ennemis commandaient la ligne de retraite des Grecs. Pour ce faire il prit des troupes légères et les fit appuyer par 3oo hommes d'élite. « Le détachement s'avance aussi vite que possible, dit-il. Les ennemis postés sur les hauteurs ne l'ont pas plutôt vu se diriger vers le sommet qu'ils s'élancent en toute hâte pour l'en repousser. Alors il s'élève un grand cri de l'armée grecque qui exhorte les siens et un grand cri des gens de Tissapherne qui exhortent les leurs. Xénophon, galopant sur le front de la troupe, l'anime de la voix :

« — Soldats, dit-il, songez que vous vous battez pour revoir la Grèce, vos enfants et vos femmes ; encore quelques instants à peine, et nous faisons le reste du chemin sans combat.

« Alors Sotéridas de Samos :

« — La partie n'est pas égale, Xénophon, tu galopes sur un cheval, et moi je peine rudement à porter un bouclier.

« Xénophon l'entend, saute de cheval, pousse le soldat hors du rang, lui arrache son bouclier et s'élance de toute sa vitesse. Il se trouvait avoir une cuirasse de cavalier, le poids l'écrasait, cependant il fait avancer la tête et entraîne la queue qui marchait lentement. Les autres soldats frappent Sotéridas, lui jettent des pierres, l'injurient jusqu'à ce qu'ils l'aient contraint à reprendre son bouclier et à marcher. Xénophon remonte sur son cheval, et s'en sert tant que le chemin est praticable ; puis, quand il cesse de l'être, il quitte son cheval et marche vite à pied. On arrive enfin sur la hauteur avant les ennemis. Les barbares tournent le dos et

s'enfuient chacun comme il peut. Les Grecs sont
maîtres de la hauteur. » Frondeur, raisonneur,
prompt à la critique, on voit le soldat grec. Vienne
un chef intelligent et énergique qui sache lui parler
et le secouer, il sera suivi jusqu'au bout du monde.
Ces hoplites et ces peltastes qui guerroyaient en
Arménie au quatrième siècle avant notre ère ressemblent fort aux troupiers de l'an de grâce 1915.

. . . .

Mais il est temps de fermer Xénophon et de
passer à d'autres travaux. Quelques opérations de
détail précèdent l'attaque. Nous canonnons un
petit bois ; pendant quelques heures un tir bien
ajusté fait rage. Les Allemands ne répondent pas,
et sans coup férir, sans recevoir la moindre décharge
de mitraille, notre infanterie s'empare de la position. Pertes nulles. *All right!*

Le grand jour arrive ! A 11ʰ 35, nos batteries
ouvrent le feu. Quel vacarme ! La lourde et l'artillerie de tranchée font de la démolition, le 75 exécute des tirs de barrage sur les boyaux. La grande
attaque n'a pas lieu ici, elle va se développer à
notre droite en Champagne. Nous autres nous devons simplement l'appuyer, faire une démonstration vigoureuse pour fixer les troupes qui sont
devant nous. Toutefois, si notre offensive est heureuse, rien ne dit que notre infanterie ne donnera
pas l'assaut au plateau de Vauclerc et à la formidable position de Craonne ; nous agissons d'ailleurs
comme s'il devait en être ainsi.

Je parcours le secteur pour assurer mon service, sur nos têtes les obus passent avec un bruit terrible, les tranchées ennemies disparaissent dans la fumée des explosions, de longs échos roulent dans la vallée boisée. Les Allemands ripostent faiblement, ils attendent, ils se réservent pour saluer notre infanterie, lorsqu'elle sortira des tranchées. Cependant, si leur tir est lent, il est méthodique et sûr, et comme ils canonnent nos centres de liaisons, ils bouleversent les boyaux téléphoniques et coupent les lignes. Le personnel est parfait : ces braves gens réparent les lignes sous les marmites avec un calme et une activité imperturbables. La nuit vient, nous couchons dans le poste central ; nuit fiévreuse, on reçoit des ordres, on en assure la transmission, on pare aux mille incidents de la bataille. Soudain, coup de téléphone du quartier général. Grande et bonne nouvelle, la ligne est enfoncée en Champagne. 20.000 prisonniers, 120 canons, succès également sur le front anglais. Nous sommes là quelques officiers et quelques soldats qui nous félicitons, nous congratulant et échangeant de grandes poignées de mains. Je galope chez le colonel qui dort, car il est accablé de fatigue, et qui, ravi de la bonne nouvelle, ne m'en veut pas d'interrompre des songes sans doute dorés. En faisant ma tournée je répands la bonne nouvelle dans les batteries et chez nos camarades de l'infanterie. Grand enthousiasme !

La canonnade continue, moins vive de notre

côté, pourquoi? alors qu'à mon humble avis l'intensité d'un bombardement doit toujours aller en augmentant. Au poste de commandement tout s'explique ; par ordre supérieur, ménager les munitions, diable ! Les Allemands ripostent toujours mollement. Des coups de téléphone. En Champagne la deuxième ligne tient. Des heures passent et la nuit vient. Il fait un temps épouvantable, il vente, il pleut, voilà qui ne vaut rien pour nos opérations. Encore une nuit sans sommeil. Le jour se lève blafard. Maintenant les Allemands ripostent, un tir nourri et précis ; les batteries écopent et l'infanterie souffre beaucoup. Nous recevons des 210 et je perds ainsi un bon ami, tué dans son observatoire, un Alsacien qui avait fait son service dans l'armée allemande, un brave soldat et un noble cœur.

Nos téléphonistes se conduisent fort bien ; sous la pluie des obus ils réparent les lignes. Bref, nos communications sont toujours assurées. A plusieurs reprises je les félicite ; ce personnel est parfait, un des brigadiers, mathématicien distingué, anarchiste militant avant la guerre, donne l'exemple du courage, du dévouement et de la discipline ! Je le trouve toujours aux endroits les plus exposés.

Décidément nous marquons le pas en Champagne et ici la pénurie des munitions nous empêche de tenter l'attaque hasardeuse que nous rêvions.

D'heure en heure le feu se ralentit, puis nous cessons le tir et les Boches nous imitent.

Pourquoi se payer de mots? après un grand succès tactique l'attaque a échoué et un deuxième hiver nous tend les bras. Eh bien! soit, nous recommencerons. La campagne durera ce qu'elle durera, mais nous les aurons. Et je n'exprime pas là une opinion personnelle, je ne veux point parler des seuls officiers, le moral des hommes est parfait.

Les vergers de B...

Tandis que l'été s'achevait et que la maturité de l'automne nous surprenait tout à nos préparatifs d'attaque, tandis que l'attaque se déclenchait et puis s'apaisait, les plus beaux arbres fruitiers du monde s'épanouissaient sur les croupes fertiles de B...

Après avoir donné un souvenir ému aux *Géorgiques* et célébré les mérites poétiques des cerises, prunes et pommes en des accents lyriques comme il convient, nous transformâmes ces fruits en confitures qui nous rendirent dans la suite de grands services.

Un calme plat régnait dans les vergers puisqu'on ne se battait plus, mais il fut de courte durée, car on nous ordonna de refaire de la manœuvre; il fallait remettre en main les hommes et tenir en haleine les officiers.

Ces exercices fastidieux et fatigants nous lassaient et plus d'un pestait sans bien saisir l'utilité du drill, comme disent nos voisins d'en face. La mauvaise humeur était générale. Or, un certain soir, comme je relisais Xénophon, à la clarté du vieux texte mon opinion se modifia. La manœuvre a son utilité. « Les bagages des Grecs et leur suite étaient sur le point de passer, lorsque Xénophon, faisant volte-face aux Carduques, tourne contre eux les armes. Il ordonne aux lochoges de former leurs loches par énomotie en développant chaque énomotie sur un front de phalange du côté du bouclier, de telle sorte que les lochoges et les enomotarques fussent du côté des Carduques et les serre-files du côté du fleuve.

« Les Carduques voyant l'arrière-garde séparée de la foule et réduite à un petit nombre, s'avancent contre elle en toute hâte en chantant je ne sais quels chants. Chérisophe, de son côté, se trouvant en lieu sûr, renvoie à Xénophon les peltastes, les frondeurs, les archers et leur prescrit de faire ce qui leur sera ordonné. Xénophon, qui les voit descendre, leur envoie dire par un officier de se tenir sur le bord de la rivière sans la passer, puis lorsqu'il commencerait à entrer dans l'eau, de s'y jeter eux-mêmes en dehors de la ligne et sur les deux flancs comme s'ils voulaient repasser le fleuve et charger les Carduques, la main sur la courroie de leurs javelots et la flèche sur l'arc, mais en ne s'engageant pas loin dans le fleuve. En même temps il ordonne à sa division au moment où les pierres les atteindront et feront du bruit sur les boucliers, de chanter le péan et de courir d'un trait à l'ennemi ; puis, dès que l'ennemi sera en fuite, et que de dessus la berge la trompette sonnera la charge, de faire demi-tour du côté de la lance en suivant les serre-files, de courir à toutes jambes et de traverser en ligne droite, sans rompre les rangs, de manière à ne point se gêner naturellement. Le meilleur soldat sera celui qui arrivera le premier sur l'autre rive.

« Les Carduques font une attaque de pierres et de flèches. Les Grecs, entonnant le péan, s'élancent sur eux au pas de course. Les ennemis ne tiennent même pas, vu qu'ils étaient armés, comme dans leurs montagnes, de manière à charger et à fuir promptement, mais pas d'une manière suffisante pour résister.

« Au même instant la trompette sonne, ce qui fait fuir les ennemis encore plus vite. Les Grecs font demi-tour à droite et se retirent à toutes jambes à travers le fleuve. »

Est-il rien de plus vivant, de plus direct que ce beau récit militaire ? Quel enseignement !

Topographie.

Ces mois d'octobre sont délicieux. Le secteur reste calme, mais chaque jour les Allemands nous tuent du monde ; à la fin de chaque semaine la liste noire est impressionnante, c'est la seule ombre au tableau. Nous faisons, avec L...., de longues promenades; sous les pas de nos chevaux débouchent les lièvres, leurs longues oreilles filent dans les sillons, au galop nous les poursuivons, c'est très amusant.

Novembre commence, hostile et ennuyeux; fort heureusement le colonel me désigne pour aller faire de la topographie à J... C'est une petite ville toute en longueur sur la route qui parcourt la vallée; on m'y loge assez mal dans une chambre maussade et froide. Je mange à la popote du général G... qui me reçoit fort aimablement; à cette table, je vois défiler des inventeurs, des artilleurs célèbres. On y traite des questions intéressantes.

J'y rencontre le général X... qui a lu mon étude sur Newton; nous discutons à perte de vue à propos de mécanique céleste. En revanche, il y a un gros travail de topographie, et, par instants, de géodésie à effectuer.

De 7ʰ30 à 11 heures nous courons les champs, qu'il pleuve, gèle ou neige. On recommence de 13 à 18 heures, et jusqu'à la soupe il faut revoir son travail et le corriger. Je finirai par prendre en horreur l'éclimètre et le théodolite.

On me fait travailler tel un mercenaire et comme je suis l'être le plus paresseux de la terre, j'en ai assez.

Hier soir, beau tapage. Je me suis disputé avec un chef d'escadron à propos d'une formule, nous nous sommes lancé à la tête des équations et des propos blessants.

Aujourd'hui, entre deux cours, j'ai pu filer jusqu'à Reims. J'espérais pouvoir aller jusqu'à la clinique où j'ai été recueilli et soigné pendant quelques heures, mais je n'en ai pas le temps. Un coup d'œil à la cathédrale, elle est toujours debout. Je songe à Renan disant de la *Somme* de saint Thomas qu'elle est semblable à une cathédrale gothique, qu'elle en a le peu de solidité !

Tout a une fin, même les opérations topographiques. Une table somptueuse réunit les topographes ; là, s'opère ma réconciliation avec l'irascible commandant. A force de classer et de hiérarchiser les meilleurs vins de Champagne, nous oublions nos théories respectives sur la mécanique et le calcul différentiel. Le lendemain, par un froid de canard, je rejoins mon régiment.

La sape 20.

Le boyau 4 y conduit, ce fameux boyau 4 si souvent marmité, où torpilles et obus se donnent des rendez-vous assidus. Et ce boyau, malgré sa sinistre renommée, a un aspect bourgeois et presque aimable : il est large, profond et point boueux. Ce n'est pas un boyau, c'est une rue élégante ; des claies retiennent les terres, des caillebotis en isolent le fond boueux : on y pourrait circuler en escarpins. Comme après chaque torpille on refait tous les travaux, le boyau est toujours vêtu de neuf.

En route on rencontre des abris, de bons abris qui descendent en sape, et souvent, pour se garer d'un obus, on a le temps de les gagner ; c'est une heureuse chance à laquelle toutefois il est bon de ne pas trop se fier.

Le boyau est long, il le paraît plus encore, tant on a le désir de ne pas s'y attarder. Tout a une fin, même un boyau d'un kilomètre, et on arrive à la sape 20, qui, elle, n'a guère que 15 mètres de longueur. Elle se courbe en arc.

La tranchée boche est à 30 mètres environ, aussi faut-il être prudent. Les tireurs ennemis sont là, en face, avec leurs fusils automatiques sur chevalet, leurs fusils à lunette coudée ; leur vigilance n'est jamais en défaut, ce sont des soldats d'élite, placides et adroits. Qu'un de nos hommes lève la tête au-dessus du parapet, un paquet de balles lui arrive. Que de bons soldats nous avons perdus ainsi !

De cette sape, un de nos camarades d'infanterie a vu tirer une section de 77 qui est en toute première ligne et prend nos tranchées d'enfilade ; du coup, il m'a appelé en consultation. Nous regardons au périscope promptement, car il ne fait pas bon s'attarder en un lieu où, neuf jours sur dix, pleuvent les torpilles. À 700 mètres, nous voyons deux casemates dissimulées sous une haie artificielle, voilà nos deux canons, vite le plan directeur, l'alidade et le déclinatoire, une règle, un trait au crayon, la direction est relevée. Nous partons, et d'une autre sape à 1.500 mètres plus à l'est, nous avons un recoupement; « ça colle ». Et le lendemain nous réglons le tir d'une batterie de 155 sur la section ennemie. De la sape 20, on voit nos obus allongés soulever la terre dans un tourbillon de fumée noire. Quel bon explosif que cette mélinite ! La section est bouleversée de fond en comble; les Bavarois abrutis et terrifiés ne ripostent pas. Le soir en me couchant je me sens meilleur...

Le deuxième hiver.

Le deuxième hivernage est moins pénible que le premier. Il ne fait pas froid, le temps est doux, une pluie qui, sans être printanière, est harmonieuse et douce, comme disait feu Moréas, voile de son réseau léger la vallée et les bois. Peut-être aussi sommes-nous aguerris, endurcis, et trouvons-nous normal de rentrer le soir dans un logis rustique, trempés comme des barbets ! Le moral reste bon, il est aussi imperméable que nos manteaux le sont peu. Au fond, cette existence de Robinson n'est pas déplaisante; plus de visites, plus de corvées mondaines, et c'est bien quelque chose. Cette belle aventure que nous courons depuis bientôt dix-sept mois nous laissera des souvenirs. En Égypte, un jour que les soldats de saint Louis défendaient avec peine un poste du canal, le comte de Soissons dit en badinant au sire de Joinville : « Sénéchal, laissons cette canaille aboyer et beugler. Par le trône de Dieu ! (c'était son juron habituel) nous parlerons de cette journée dans la chambre des dames. » Pourquoi nous aussi, si Dieu le veut, ne parlerions-nous pas un jour de nos longs mois de guerre devant les dames ?... Cette pensée est une distraction et une consolation.

Notre vie est monotone et je me félicite d'avoir un poste qui m'oblige à pas mal d'activité.

Je vois journellement mes camarades de l'infanterie ; ils me reçoivent à la tranchée avec une bonne grâce qui ne se dément point, mais en vérité leur vie est bien morne. L'un d'eux, un capitaine, m'expliquait son emploi du temps. Les Allemands le laissent en paix, ses travaux sont en bonne route. Finalement voici : lever à 8 heures ; à 10ʰ30 la soupe, suivie du bridge ; à 16 heures le courrier ; à 19 heures soupe encore, puis rebridge. A ce jeu il s'abrutit lentement ; ce sont ses propres expressions.

Enfin, le grand jour arrive. Une permission, la première, vient rompre les longueurs de l'hiver. Six jours de permission, délais de route non compris ! On nous donne deux jours pour le voyage, ce qui est peu. Le général, paraît-il, est hostile aux permissions ; il les accorde parce qu'il ne peut pas faire autrement, mais avec une mauvaise grâce évidente, il cherche à rogner sur les délais. Il appréhende, dit-on, ce système de repos, et plus d'un vieil officier de l'armée de métier pense comme lui. Des permissions en temps de guerre ! N'est-ce pas le commencement de la fin ? Les hommes ne voudront pas rentrer, ils déserteront, ils décourageront l'arrière, ils rentreront avec un moral déprimé. Que de tristes prévisions ! Comme cette brave armée de carrière a peu de psychologie ! Elle ignore la vie. La permission est absolument indispensable, il les faudrait plus longues et plus fréquentes, voilà tout. Mais les nécessités du service ? Il y a assez de monde en ligne pour donner une permission de deux semaines tous les trois mois. C'est d'ailleurs ce qu'on fait en face. Il se trouve des officiers pour proposer de ne pas envoyer en permission les troupes du Midi, du Sud-Ouest, de Corse et d'Algérie, sous prétexte qu'elles vont trop loin. Quelle lamentable mentalité ! Cette guerre est toute d'usure, c'est à celui qui tiendra le plus longtemps. Il faut s'organiser, s'installer dans la guerre, se dire qu'elle peut durer quatre ans, six ans, et tout prévoir en conséquence.

Nous partons en permission à 4 heures par une nuit noire et froide. Nous gelons sur nos chevaux ; nous avons l'onglée. Quelle joie ! La permission est une chose dont on ne parle pas ; on la prend, on en jouit, c'est suffisant.

Stage à l'aviation.

De mon stage à J... j'ai rapporté des souvenirs cuisants. Les séances pédagogiques ne me valent rien, mais, par un effet de polarisation assez commun chez les mortels, je recherche mes contraires. C'est ainsi que le régiment devant envoyer un de ses officiers faire un stage d'observateur dans une escadrille, je monte dans cette nouvelle galère. La première impression est charmante. Comme janvier s'achève, je débarque par un soleil éclatant dans un petit village de Champagne. Les aviateurs m'accueillent avec une camaraderie délicieuse et de bon aloi. Tout de suite je suis à l'aise dans ce milieu nouveau, parmi des officiers et des sous-officiers qui portent des noms connus. C'est un milieu très gai et plein d'entrain. A certaines heures, cet entrain nous conduit sur des routes où un moraliste sévère ne trouverait pas toujours son compte.

Les belles journées n'ont eu qu'une durée éphémère. Il fait froid, il pleut, il y a de la brume. Pour ne pas perdre de temps, on vole chaque fois que la chose est possible et, dame! dans ces conditions, l'aviation n'est pas une partie de plaisir.

La grosse affaire est d'arriver à former de bons observateurs d'artillerie qui règlent les tirs du haut de l'avion et transmettent par T. S. F. leurs observations à un officier, dit officier d'antenne, qui à terre reçoit les signaux, les traduit et les passe aux commandants de batterie.

Chose curieuse, ceci n'est pas une invention récente. Les premières expériences remontent à 1912. Les appareils radiotélégraphiques étaient alors de simples réductions des postes de campagne. La génératrice de courant était entraînée par le moteur au moyen d'un embrayage sur l'arbre. C'était lourd, encombrant, enfin il y avait les difficultés d'isolement.

Actuellement, la génératrice fournissant l'énergie électrique est disposée sur un des plans de l'avion et actionnée par une petite hélice que la pression de l'air sur les pales fait tourner lorsque l'avion est en marche. L'observateur déroule son antenne au moyen d'un moulinet. Pour un poids de 90 kilos et un encombrement réduit on est arrivé à une portée de 30 kilomètres, en réalisant de bonnes synchronisations qui permettent à plusieurs appareils de travailler ensemble.

Ces choses semblent très simples. En réalité toutes les questions de liaison sont délicates, elles le sont encore plus lorsqu'elles se combinent avec l'aviation et la T. S. F.

Ce stage est fort intéressant. On nous fait des conférences sur l'aviation au début de la campagne, aviation française et aviation allemande. Le moment n'est pas venu de révéler ce qui nous fut dit à ce sujet, c'est assez triste ! Nous tirons beaucoup à la mitrailleuse, car les camarades qui sortent chaque jour sont exposés à rencontrer un Fokker au coin d'un nuage, et nul ne tient à se laisser descendre comme un simple perdreau.

Le temps passe vite à l'escadrille ; on y travaille ferme ; ce qu'on y fait est intéressant. J'avoue que si un expédient se rencontre me permettant d'allonger mon stage, je le saisirai aux cheveux. Passer ici quelques semaines de plus c'est autant de pris sur la vie monotone du régiment.

Ce soir, un commandant est venu nous voir. Il nous dit que les Allemands font des préparatifs d'attaque devant Verdun et sur le front de Champagne. Il est probable qu'ils feront une fausse attaque devant Verdun et déclencheront leur véritable offensive en Champagne. La preuve en est que sur ce front ils ont déjà poussé leurs parallèles de départ, au lieu que devant la forteresse leur infanterie est assez loin de la nôtre. D'ailleurs, une attaque sur le front de Verdun où nos fortifications de campagne s'appuient à la fortification de la place serait bien risquée.

Aujourd'hui, nous étions à la T. S. F. Un de nos hommes prenait le communiqué allemand et, suivant ma coutume lorsque d'aventure je suis là à l'heure où passe Nordleich, je traduisais la dépêche au fur et à mesure. En voilà une nouvelle ! Les Allemands ont attaqué devant Verdun ; notre première ligne a cédé sous le choc ; le front est enfoncé ; il nous ont fait des milliers de prisonniers et pris je ne sais combien de canons !...

Nous sommes atterrés. Quelle surprise ! Ils ont trouvé moyen de monter en cachette une grosse attaque. Comment cela va-t-il finir ?

Ne nous en faisons pas. Les Allemands disent-ils la vérité ? Ils exagèrent sans doute un peu . . . .

. . . .

. . . .

. . . .

. . . .

. . . . (censuré) . . . .

. . . .

. . . .

. . . .

Eh bien ! soit ! Ils ont enlevé la première ligne : dans une attaque bien montée on l'enlève toujours. Après ? Après, les nouvelles ne sont pas meilleures. Le lendemain les choses se gâtent, dans l'après-midi une dépêche donne aux artilleurs stagiaires à l'aviation l'ordre de regagner sans tarder leurs régiments. Ça chauffe !

Je passe par Paris, il fait froid, il neige, on dit que cette neige favorise notre défense. Le moral de la population est bas, des bruits sinistres courent. Douaumont serait pris ! Verdun tombera peut-être ! Après ? Je voyage avec un colonel qui connaît bien la région, il m'explique que la prise de la forteresse serait un désastre pour nous, c'est la charnière de notre ligne de bataille. Toute une armée pourrait être ramenée d'un coup de filet. Un nouveau Sedan quoi !

Par un temps épouvantable je parviens, non sans peine, à rejoindre mon régiment : toutes les voies ferrées sont encombrées par des renforts qui vont à Verdun. Douaumont est tombé, mais les nouvelles sont meilleures ; les Allemands trop méthodiques, suivant leur coutume, n'ont pas poursuivi leurs succès. Castelnau a eu le temps d'arriver et de sauver la place. Maintenant l'attaque par surprise se transforme en une furieuse bataille.

Va-t-on nous laisser moisir ici pendant que nos camarades se font tuer devant Verdun ? J'en parle au colonel, il recommande la patience ; nous monterons à Verdun à notre tour, sans doute pour relever le 1er corps. En attendant nous avons ici un secteur difficile qu'il faut tenir avec peu de monde, soyons patients (il insiste) et attendons notre tour.

Nous nous calmons ; qu'on excuse notre ardeur. Comme le disait le maréchal Canrobert, les batailles ce sont nos grands jours de fête. Ils sont rares, il faut en profiter.

L'attaque du plateau D...

Le 75 a bien travaillé ; nos canons courts, trois batteries de 155, grâce au choix judicieux qui a présidé à leur emplacement, lui ont apporté un sérieux concours. Notre infanterie bien appuyée par son artillerie progresse lentement, elle s'infiltre par bonds courts et continus dans l'étroite vallée à demi boisée. Les mitrailleuses soutiennent les premières lignes de tirailleurs. La grosse affaire c'est la rédaction et la transmission des ordres : la rédaction, car de ces ordres il est gardé un double que les grands chefs examinent ou feront examiner dès demain. La transmission est aussi chose délicate,

compter sur le téléphone et les coureurs après tant
de déceptions serait imprudent. Aussi la télégraphie
optique règne-t-elle en maîtresse, des bouquets de
bois situés aux flancs des coteaux s'échappent les
brefs éclats lumineux de l'alphabet Morse. Il est
14 heures, tout va bien; l'ennemi continue son mouvement de repli, dans quelques instants nos batteries d'obusiers feront un bond en avant. Le chef
d'escadron qui les commande décide de les porter
audacieusement en première ligne; il part pour
reconnaître le terrain. Nous trouvons derrière nos
premiers tirailleurs des positions convenables; les
obusiers ont ceci de bon : on peut les mettre partout
et ceux-ci sont particulièrement faciles à manier.
Cependant nous avons à un moment des difficultés
avec le 75 qui prétend avoir (comme au théâtre)
retenu telle place qui fait notre affaire. On se dispute, mais silence, voici un grand chef. Le général
(ici un nom célèbre) approche, taille moyenne, l'air
énergique et têtu, un véritable chasseur à pied.
Quelques mots d'une amabilité brève et il expose
en deux phrases la situation. La bataille en est où
en était la bataille de Wagram à 15 heures; c'est
parfait !

Cependant l'attaque s'arrête, l'ennemi tient bon;
c'était prévu; notre infanterie souffle et se terre, le
duel d'artillerie reprend. Les sapeurs se portent en
avant et organisent rapidement la position conquise,
le commandant C... les dirige. La tête classique du
savant transformé en homme de guerre, il parcourt

la première ligne, la pipe à la bouche, fait distribuer les grenades, dispose les réseaux Brun et les boudins Ribard. Le général l'aperçoit, ravi de cette heureuse initiative à laquelle nul ne songeait, il court à lui et le félicite. Le commandant poursuit méthodiquement son ouvrage, aussi paisible à quelques mètres de l'ennemi que s'il discutait dans le tête-à-tête de son cabinet les avantages et les inconvénients du temps considéré comme dimension de l'espace.

Rogue, solennel et superbe, un commandant envoyé par le G. Q. G. écoute tout, voit tout, note tout, approuve ou désapprouve d'un signe de tête bref et hautain. Ainsi, dans les lointaines provinces de l'Empire, Charlemagne envoyait ses *missi dominici.*

Mais la canonnade cesse ; cette fois c'est l'attaque décisive ; comme le soir tombe, tous nos objectifs sont atteints.

De cette attaque le commandant C... et moi parlons volontiers lorsque nous nous retrouvons. Une journée intéressante en somme.

Giboulées de mars.

Nous avons mis la main sur une délicieuse villa en pierre blanche et en briques rouges. Alors que tout est marmité autour d'elle, par un privilège singulier, par un caprice de l'ennemi, elle n'a

jamais reçu que des égratignures sans importance.
O dispersion, voilà bien de tes coups ! C'est la villa
mascotte, on y est à l'abri de tout. Cette installa-
tion décente fait la joie de notre cuisinier que
i'appelle le maître d'hôtel, car ce titre plus pom-
peux lui plaît. C'est un Toulousain jovial et digne
qui ne s'en fait pas, cuit et fricasse habilement ;
dans toutes les circonstances rien ne le trouble. Il
n'y a que lui pour servir d'un geste auguste un
ignoble rata en annonçant : « Navarin aux
pommes. »

La conscience professionnelle de cet excellent
homme ne se révolte que lorsque nous lui annon-
çons un convive invité à la fortune du pot ; par une
fatalité implacable, cette fortune est toujours ce
jour-là au plus bas. Cette popote a la prétention
d'être une réunion de mathématiciens : aussi y cal-
cule-t-on mal ; le nombre de nos invités est rare-
ment en accord avec le chiffre de nos ressources.
Et le maître d'hôtel, qui est un stoïcien à sa manière,
souffre silencieusement de cette incohérence ; je le
bouscule, car il est lent ; mais digne, les lèvres
closes, il retourne sans me répondre à ses four-
neaux ; soir et matin il est au feu et pas toujours à
celui de la cuisine.

Or, hier après midi à 15 heures, assis dans la
salle à manger de la villa devant le téléphone, je
venais de faire déclencher un tir sur une batterie
qui ennuyait nos tranchées, puis pour tuer le temps
je réglais des comptes avec le cuisinier, lorsque des

fusants éclatent sur le toit de la maison, les gerbes
d'éclats brisent les tuiles. Nous levons la tête,
dans le même moment arrive une salve de percutants, l'un tombe dans le jardin, l'autre sur les
communs. J'envoie le cuisinier s'abriter dans la
cave et j'assure les liaisons téléphoniques. Le bombardement augmente et devient d'une belle intensité. Les coups arrivent de face, de droite et de
gauche, ce sont des rafales de quatre à six projectiles, du 105, du 150 et quelques 210 reconnais-
sables à leurs coups sourds. On me téléphone de
toute part. Un de nos sous-officiers, le jeune D...,
me sachant seul dans le poste téléphonique, sort
d'un abri et vient se mettre à ma disposition ; il
m'est précieux, car la besogne ne manque pas.
Cependant les coups tombent toujours aussi drus.
Autour de nous tout est brisé, les fenêtres sont
déchiquetées, les éclats abattent les cloisons, une
fumée épaisse flotte. Dans cette villa qui n'est pas
blindée, nous attendons la mort d'une seconde à
l'autre. Je dis au maréchal des logis de descendre
s'abriter dans la cave, mais ce brave garçon ne veut
pas m'abandonner et ne consent à m'obéir que
lorsque les appareils téléphoniques ne fonction-
nant plus, il m'est pratiquement inutile.

Le bombardement a fini par cesser ; en quelques
instants nous avions reçu deux cents projectiles
environ : tout était bouleversé.

Le maréchal des logis D... était venu au front
comme volontaire, il s'était maintes fois signalé

par son courage, tout le monde l'aimait et l'appré-
ciait. Je demande pour lui une citation, son capitaine refuse de transmettre la demande. Pourquoi?
La vérité exacte, nul ne la sait. Il est probable que
ce vieux colonial endurci n'étant pas encore cité lui-
même ne voulut pas faire décorer un réserviste.
Telle fut du moins l'impression générale.

Une curieuse aventure.

L'abbé B..., aumônier de la division, un saint
homme et un véritable héros, venait parfois s'asseoir à notre table. Depuis le début de la campagne, il avait eu, comme nous tous, quelques aventures assez curieuses, l'une plus que les autres.

La guerre de mouvements offre parmi tant
d'autres particularités celle-ci : la ligne de bataille
y subit de constantes fluctuations; de ce fait il
arrive parfois, surtout en pays couvert, que les
unités ennemies qui combattent au premier rang
s'enchevêtrent les unes dans les autres.

La lutte d'infanterie venait de prendre fin dans
la forêt, lorsque l'abbé B... arriva jusqu'à notre
première ligne d'infanterie, aidant les infirmiers
à relever et à panser les blessés, donnant l'abso-
lution aux mourants; c'est ainsi qu'il assista à
l'agonie d'un officier allemand, un lieutenant d'artillerie, qui ayant reconnu un prêtre lui déclara
qu'il était catholique et demanda les secours de

son ministère. Après quoi une paix douce et lumineuse descendit sur le visage de l'officier qui s'était redressé et il se coucha pour mourir. L'aumônier continua sa route; comme il s'éloignait, des officiers qui l'entouraient lui recommandèrent d'être prudent à cause du voisinage des tirailleurs allemands.

L'abbé B..., malgré ces recommandations, poursuivit son chemin jusqu'à une clairière où de nombreux cadavres étendus témoignaient qu'il y avait eu là un combat acharné et un combat corps à corps. L'abbé chercha en vain si quelqu'un de ces malheureux respirait encore, tout le monde était mort. Il s'agenouilla alors parmi les cadavres et se mit en prières tout en tenant la longe de son cheval, bête très douce qu'il avait amenée avec lui.

L'abbé B... était perdu dans sa pieuse supplication lorsqu'un appel lui fit lever la tête. A quelques pas de lui un soldat allemand debout, en armes, lui faisait signe d'approcher, un second soldat le couchait en joue. L'aumônier comprit qu'il venait de se faire cueillir par des patrouilleurs ennemis et les suivit docilement, menant son cheval par la figure. Il parvint ainsi jusqu'à un poste perdu à quelque distance dans la profondeur du bois. Un officier qui pouvait avoir quarante ans l'interpella dans un français assez correct :

— Monsieur le chapelain, que faites-vous ici?

L'aumônier expliqua sa mésaventure et demanda à être reconduit dans nos lignes. L'officier alle-

mand semblait sur le point d'accéder à sa demande
lorsqu'il s'avisa que le prêtre portait un revolver à
sa ceinture et que le cheval qu'il menait était har-
naché d'une selle et d'une bride allemandes. Son
ton changea, il demanda sèchement des explications. L'aumônier lui dit la vérité, à savoir qu'ayant
besoin d'un harnachement, on lui avait donné
celui-ci pris aux Allemands pendant la retraite ; s'il
portait un revolver c'était pour se défendre contre
des maraudeurs qui d'un côté comme de l'autre
dépouillent les morts et achèvent les blessés ; il
donna d'autres explications encore.

L'officier fit fouiller l'aumônier, on vida sa
sacoche, elle contenait une lettre non cachetée
encore que le matin même il écrivait aux jeunes
filles de son patronage. Ceux qui connaissent
l'abbé B... estiment que cette lettre devait être
d'une rare élévation d'esprit ; parmi d'autres choses
il y était dit que notre presse exagère les atrocités
de la guerre, que sur notre front en particulier les
Allemands se battaient avec grand courage, mais
avec humanité, que les officiers faisaient preuve
d'une certaine courtoisie chevaleresque. L'Allemand, la lettre lue, se tourna vers l'abbé B... :

— Monsieur le chapelain, lui dit-il, j'ai des filles
et je souhaiterais qu'il leur fût adressé des lettres
semblables. Vous êtes libre.

Après quelques péripéties qui ne peuvent trouver place ici, l'abbé B... fut reconduit jusqu'à nos
premières lignes.

Union sacrée.

C'est encore l'abbé B... qui est sur la sellette. Un jour que ce digne prêtre était, selon sa coutume, au plus fort du combat, une balle d'infanterie l'atteignit. Cette blessure pouvait être peu de chose ou devenir grave.

On étendit le prêtre dans une cagna où il reçut les premiers soins. Sur ces entrefaites survint M. M..., le pasteur protestant de la division; sachant son ami blessé, il accourait en toute hâte. Arrivé près de la civière, il demande à l'abbé B... l'autorisation d'adresser au ciel une prière pour lui. Son improvisation fut fort belle, il la récita avec une grande ferveur. Comme il allait se retirer, l'abbé B..., qui sentait ses forces décroître et ne savait trop ce qui allait lui arriver, demanda au vieux pasteur de lui donner sa bénédiction.

L'abbé B... se rétablit assez vite; lorsqu'il nous contait cette histoire, il ajoutait que son ordonnance, catholique fervent et un tantinet sectaire, avait été ébahi par cette bénédiction et mâchonnait entre ses dents :

— Je ne sais pas ce qu'avant la fin de la guerre il ne nous faudra pas voir.

Printemps.

Ce mois de mars est pénible, les obus ont tout cassé dans notre gîte, le vent s'engouffre par tant d'issues qu'il règne un froid polaire dans notre P. C. ; un maigre feu de bois humide n'arrive pas à nous réchauffer. Depuis quelque temps le ravitaillement est défectueux et, pour nous achever, les Prussiens nous canardent. Rien de bien grave, mais des tirs continuels et inattendus, quatre coups sur un point, quatre coups sur un autre. On ne peut circuler entre les tranchées et les batteries sans risquer à tout instant un incident fâcheux. Voilà bien des misères, le mieux est de les supporter en riant. « La grande question, disait Goethe dans le temps qu'il fréquentait l'œuvre de Spinoza, est de savoir se résigner une bonne fois à tout ce qui peut arriver : on n'a plus besoin, après cela, de se résigner au détail. »

Noble et fière maxime que nous avons le droit de faire nôtre. Ceux qui ont fait, dès les premiers jours de la mobilisation, le sacrifice complet de leur vie, ont le droit de se rire des mésaventures dont un destin méchant et malicieux voudrait les accabler.

. . . .

Tandis que nos camarades de Verdun résistent à la furieuse poussée allemande, nous renforçons de plus en plus nos positions de deuxième et de troisième ligne. Nous construisons des batteries nouvelles, des observatoires, des chemins d'accès, des lignes téléphoniques ; en cas d'attaque, nous ne serons pas pris au dépourvu. Nos hommes travaillent ferme ; ils sont d'une discipline, d'un dévouement, d'une activité, qu'on ne louera jamais assez.

Présentement mon métier consiste à chercher des emplacements de batteries, à préparer des carnets de tir qui permettent à une unité qui arrive à l'improviste d'entrer immédiatement en action. Ce travail est contrôlé par un chef d'escadron, par un colonel et par un général. Et tandis que je chemine à l'éclimètre ou au théodolite, que penché sur la planchette je dessine et calcule, il est bien rare qu'un de ces messieurs ne vienne me voir.

Individuellement, ils sont charmants, intelligents, instruits, ayant au plus haut degré le sentiment du devoir. Mais..., il y a un mais, ils ne s'entendent pas entre eux. Telle position de batterie, qui fait l'affaire du chef d'escadron, ne convient pas au colonel, et celles qu'il choisit ne plaisent pas au général. D'où des palabres interminables, des discussions sans fin, des conférences d'où il ne sort rien.

Un certain jour, on me charge de trouver une position de batterie et on m'impose un cahier des charges, si j'ose m'exprimer ainsi. Cet emplacement doit être défilé des vues de l'ennemi et aussi de ses coups, permettre toutefois à nos pièces de tirer sous un angle assez petit et dans un champ assez grand. Il faut encore que la position présente des facilités pour le logement du personnel et la construction des abris, qu'il soit aisé de la dissimuler aux vues des avions, qu'un ou plusieurs chemins d'accès y conduisent et qu'ils soient défilés sur tout leurs parcours. Voilà bien des conditions ! L'officier orienteur est habitué à ces problèmes techniques ; pour mon compte je les résous presque machinalement. L'emplacement trouvé ne convient pas absolument au chef d'escadron, il en cherche un autre, puis finalement revient au mien. Les travaux commencent, mais à son retour de permission le colonel arrête les travaux et désigne un autre endroit où nous commençons à éventrer le sol. Voici l'automobile du général, le grand chef n'est pas satisfait, aucun emplacement ne lui convient, il cherche et ne trouve pas ; finalement nous restons le pied en l'air comme les danseurs dans un quadrille d'Offenbach...

Je suis pris d'une rage froide. Si je ne sais pas mon métier d'orienteur, qu'on m'envoie dans une section de munitions ou au camp retranché de Paris ! Je ne serai pas désespéré par cette décision. Mais si je connais mon affaire, qu'on me laisse donc tranquille. Il me souvient que ce jour-là je dis à ce grand chef :

— Mon général, si nous conduisions nos affaires dans la vie civile avec les méthodes militaires, nous serions vite ruinés.

Il rit beaucoup et très fort de cette remarque, mais en somme ne trouva rien à répondre.

Le grand tort de l'armée a été de vivre en vase clos, loin de la vie réelle, loin des hommes pratiques, agriculteurs, industriels, commerçants, qui sont de véritables hommes d'action, et encore de considérer la guerre non comme une forme normale de l'activité humaine, mais comme une chose à part qui est le domaine d'un petit nombre d'hommes. Comme on se ressent forcément de l'influence du milieu dans lequel on vit, le défaut commun de ces hommes, qui ont vécu perpétuellement dans une société restreinte, c'est de changer la proportion des choses, de leur donner des coefficients arbitraires qui ne correspondent qu'à une conception fausse, née dans un milieu artificiel.

Dans la république de Platon les guerriers forment une classe à part, je le note.

Mais cette cité est toute de rêve ; bâtie sur des nuées dorées, c'est une construction *a priori*. La famille, la propriété individuelle, tous les éléments essentiels d'une société réelle, y font défaut. Une telle construction peut séduire ceux qui n'ont que l'esprit géométrique ; cette cité idéale n'est point habitable : loin de nous ces chimères.

La guerre moderne met en jeu toutes les forces de la nation. Il faut la mener comme une affaire commerciale et industrielle ; c'est ce que nous n'avons pas fait. Quel gaspillage ici, au front, malgré les efforts de l'Intendance ! Le commande-ment continue à exiger pour les hommes des rations si fortes que finalement nos soldats jettent le pain et enterrent la viande. Quel désordre dans les réquisitions ! Que de tâtonnements dans la fabrication du gros matériel d'artillerie et dans la production des munitions ! Comme nous sommes mal dirigés ! Peu d'hommes pratiques et, pour le moment, nul véritable organisateur ne s'est révélé !

Et cependant, au fond, tout marche ; peu à peu, malgré ces tâtonnements, ces lenteurs, nous sortons de l'ornière, nous tenons et demain nous vaincrons. C'est que notre race conserve les qualités à elle léguées par la lente formation de huit siècles de monarchie. Les ressources accumulées pendant les siècles passés sont loin d'être épuisées.

Préparation, organisation, prévision minutieuse, édifice militaire savamment organisé, tout s'écroule, si à la tête de l'armée ne se trouve le chef, l'homme voulu par le destin, celui que les dieux ont marqué au front d'une flamme divine.

Qu'a-t-il manqué aux Allemands ? un homme sachant les conduire. Au mois d'août 1914, tandis qu'au début leurs troupes d'Alsace et de Lorraine pratiquaient la défensive stratégique et qu'une armée envahissait le Luxembourg et la Woëvre, l'aile marchante, de beaucoup la plus nombreuse et la mieux pourvue en matériel, occupait la Belgique, nous battait à Charleroi et, se développant sur un front qui s'étendait de Verdun à Bruxelles, courait sur Paris en pivotant sur sa gauche. Entre temps l'armée de Metz menaçait Nancy.

Plan simple, logique, d'une conception et d'un équilibre parfaits. Qu'une des deux ailes soit victorieuse, il ne nous reste plus qu'à battre en retraite précipitamment pour échapper à l'enveloppement,

Paris tombe et le sort de la campagne est fixé en cinq semaines. Mais un plan ne vaut que par son exécution. Voici que Castelnau arrête l'aile gauche allemande et la fixe. Pendant ce temps, l'extrême aile droite, qui passe à portée de Paris, se laisse prendre en flanc; au centre, Foch remporte un beau succès tactique. Et du coup tout s'écroule. On dira, on écrira bien des choses, que von Kluck aurait dû marcher sur Paris, que le centre a avancé trop vite, que le commandement n'a pas gardé une réserve stratégique...

En réalité, lorsque le plan savamment conçu dans le silence du cabinet s'est écroulé, il ne s'est trouvé personne dans l'État-major allemand pour lire dans la situation stratégique.

Cette armée formidable a été victime des doctrines de la Krieg's Akademie, elle n'était pas commandée par des soldats, mais par des pions.

Nos chefs militaires, eux, ont d'autres défauts : trop souvent ce ne sont pas des organisateurs, et notre École de guerre a perdu bien des heures à débiter des puérilités sur un mode élégant. Mais, en revanche, nos généraux sont des Latins et les déesses augustes de l'Olympe antique leur dispensent parfois les trésors de leur divine sagesse.

. . . .

Malgré ces incidents, les travaux se poursuivent rondement, nos lignes déjà fortes deviennent formidables : tranchées, réseaux de fils de fer, batteries casematées, observatoires blindés, hérissent nos ignes. Si les Allemands avaient la bonne idée de nous attaquer, nous en ferions une belle hécatombe. Pourquoi sur toute la ligne de bataille n'a-t-on pas travaillé comme ici?

Non, les Allemands ne sortiront pas de leurs tranchées; terrés dans leurs lignes, ils n'en bougent point; seule leur artillerie est très active, elle bombarde sans discontinuer les tranchées et nos batteries. Naturellement, nous ripostons. A ce jeu les unités fondent sans combat, nous avons des pertes minimes mais régulières. A la fin de chaque mois, lorsqu'on additionne les petites pertes journalières, on arrive à un total qui fait réfléchir.

Le moral des troupes est bon; les jours de pluie, nous avons bien un peu le cafard, mais vienne un rayon de soleil, comme on oublie promptement fatigues et misères! Les hommes chantent, d'autres jouent de la mandoline, des parties de foot-ball s'organisent et les équipes de régiments se défient. Nos ordonnances ratissent les courts de tennis. Qu'on ne situe pas nos tennis à plusieurs centaines de kilomètres des Boches et que les gens de l'arrière n'obéissent point à cette tendance fâcheuse qui leur fait voir dans tout combattant un embusqué. Notre court est à 1.100 mètres des lignes, souvent les balles de mitrailleuses y font une déplorable concurrence aux balles de caoutchouc.

Voici venir le temps des promenades à cheval; bien que ce secteur soit archiconnu, il nous intéresse toujours. Peu de corps d'armée ont été aussi sédentaires que le nôtre. Faut-il s'en plaindre? Les hommes n'aiment pas à changer de secteur, ils s'intéressent aux travaux qu'ils ont faits, sûrs d'en jouir eux-mêmes ils les aménagent mieux. Ici un homme prévenu en vaut trois, un officier qui connaît bien le pays est certain un jour de combat d'y faire de la bonne besogne. Or, la connaissance d'un secteur est longue à acquérir. Mais toute médaille a son revers, et à force de rester à la même place les hommes, si on n'y prend pas garde, s'endorment dans une confiance trompeuse. Cependant, chaque fois que les Allemands ont réussi des coups de main heureux, à notre droite par exemple, c'est en général sur des troupes fraîchement arrivées sur une partie du front qu'elles ne connaissaient point. . . . .

Ridebis et licet rideas... Nous ne chassons pas le sanglier comme Pline le Jeune, notre gibier est moins noble et plus redoutable. Des filets ne sont pas tendus à l'orée du bois, près de nous nul épieu ne gît sur l'herbe. Sur les boyaux ennemis que le soleil levant éclaire s'ouvre la meurtrière lumineuse de l'observatoire, sur une planchette nos jumelles, sur une autre nos cartes. Le téléphoniste, attentif et distrait à la fois, attend nos ordres qu'il transmettra là-bas à la batterie. En attendant l'ouverture du bal, nous fumons, nous lisons, nous écrivons. Une fois de plus j'ouvre *Anthinéa;* en noble compagnie me voici à Florence, à cette heure nulle tranchée allemande n'offre à mes yeux son tracé compliqué,

mes regards émus errent voluptueusement sur les
flancs bleus des coteaux de Fiesole... Un long
sifflement aigu, des explosions qui se rappro-
chent ; devant nos meurtrières, la terre jaillit, dans
les boyaux nos travailleurs se sauvent à toutes
jambes : le tir allemand commence. Là-bas à l'horizon, à quelque 3.000 mètres, une légère fumée
fuse entre les arbres dépouillés ; elles font une
sacrée fumée, leurs pièces, quoi qu'on en dise.
Voici une indication précieuse, vite la planchette,
un coup de téléphone aux autres observatoires
pour avoir un recoupement. Un travail ardent de
quelques minutes, des chiffres griffonnés fiévreu-
sement, un calcul rapide, puis un coup de téléphone.

— Allô ! c'est la batterie D 18.

— Oui.

— Pour la pièce de droite un miroir + 150,
échelonner de 5, obus D, charge B S P, fusée I A,
angle 15° 20'.

Une pause.

— Allô ! Oui. C'est prêt...

— Par la droite et par batterie à cinq secondes
d'intervalle, tirez !

Un sifflement lointain, notre batterie va porter
sa réponse aux 105. Les coups sont à gauche et
courts, les voici en bonne direction et longs, un
bon encadrement et la cuisine continue, tir d'essai,
tir d'amélioration, tout y passe, puis, tout d'un
coup, le tir d'efficacité se déclenche. La batterie

ennemie disparaît dans la fumée des explosions et les artilleurs prussiens ne ripostent pas.

Puis c'est le silence, le grand silence, tandis que la clarté du jour étend sur les hommes et les choses l'allégresse de sa paix sereine...

Au même lieu nous retrouve le crépuscule, la cloche d'un village très lointain se fait entendre. Pieusement la nuit vient endormir la terre. Des hommes passent devant l'observatoire ; ils amorcent une nouvelle sape. Paisibles et souriants, ils s'acheminent vers la douleur et vers la mort.

. . . .

Nous avons eu cette nuit une conversation fort intéressante avec un de nos camarades arrivé récemment de l'arrière. Il nous dit (et ses tuyaux sont sûrs) qu'on travaille ferme dans les usines. De fait, nous nous en apercevons depuis quelques mois, les munitions sont de plus en plus abondantes, on ne nous dit plus de les ménager. Il paraît aussi que l'artillerie lourde a gagné son procès. On fabrique beaucoup de gros canons.

Le courant a été dur à remonter. Que d'hésitations en temps de paix ! L'un redoutait la multiplicité des calibres qui complique le problème déjà ardu du ravitaillement. L'autre démontrait qu'en une minute une batterie de 75 tire je ne sais combien de kilos de plus qu'une batterie lourde, et, de cette ridicule application de l'arithmétique, tirait des conclusions en faveur du canon léger. Le général Langlois n'écrivait-il pas, dans la *Revue des*

Deux Mondes, un grand article pour condamner l'artillerie lourde ? On voulait, disait-il, nous ramener aux lourds engins du temps de Louis XIV et à la guerre de position. Mais peu de temps avant la guerre un mouvement se produit ; les artilleurs à pied, traités jusque-là un peu en parias dans une arme où batteries à cheval et concours hippiques tournaient les têtes, gagnent la partie et devant leurs pairs et devant l'opinion ; ce n'est que justice, car nos camarades de l'artillerie à pied sont vraiment de grands artilleurs. Seulement il est trop tard, la guerre éclate, et, comme en 1870, nous entrons en campagne avec un matériel insuffisant.

Tout ceci, c'est le passé, la situation présente est bien différente ; en quelques mois, nous avons mis sur pied une artillerie lourde formidable ; à notre gauche, nos alliés anglais font un effort gigantesque. Braves gens ! Combien de fois me suis-je fait ramasser lorsque j'exprimais ma confiance inébranlable dans l'appui de l'Angleterre ; on me traitait d'anglophile et pour un peu de snob. Je vois encore un jeune sous-lieutenant qui m'insulta presque ; pauvre bon jeune homme ! je ne lui en veux pas, il était d'une ignorance crasse et mal élevé avec ça ; il a d'ailleurs peu changé dame Nature l'ayant coulé d'un seul bloc et en un métal qui est plus voisin du plomb vil que de l'or pur...

... Le jour point. Après une nuit froide, il est bon de marcher au grand soleil, de respirer à pleins poumons l'air léger du matin ; mais le 77 siffle et

miaule et du coup, nous reprenons notre vie de
taupes.

On nous signale un emplacement de minen-
werfer. Allons voir. J'emmène avec moi le maréchal
des logis observateur, garçon plein d'entrain qui
passerait volontiers sa vie dans les têtes de sape.
La tranchée que nous suivons est nette et bien
entretenue, tantôt à ciel ouvert, tantôt en souterrain, elle court dans un pli de terrain dont la
dépression est parallèle à la tranchée de première
ligne allemande qui forme au-dessus de nous une
sorte de balcon à flanc de coteau. Nous voici en
une place où il ne fait pas bon stationner : c'est un
véritable nid à obus, un chaos de tranchées boule-
versées, de boyaux comblés, de sacs à terre
éventrés, de madriers et de rondins en morceaux.
De grands sifflements et des 150 arrivent, nous
nous couchons ; un des projectiles tombe à 8 mètres environ à notre droite, la commotion nous
abrutit, la terre soulevée par l'explosion nous
couvre, les éclats retombent en sifflant, d'un geste
instinctif nous nous garantissons la tête. Nous nous
relevons en titubant et péniblement nous arrivons
sur les lèvres d'un immense entonnoir ; plusieurs
milliers de kilos d'explosif ont creusé ici une sorte
de dépression pleine de débris. L'ennemi, après
avoir fait jouer un fourneau, n'a pu déboucher
de ses tranchées et nous utilisons de notre mieux
ce cratère en miniature, on y voit des travaux
déjà amorcés. Brutalement un deuxième 150 arrive

et éclate à notre gauche et là-haut, dans l'air, d'autres sifflements se font entendre, puis des explosions. Quel enfer! A moitié étouffés par la fumée, nous courons jusqu'à la sape qui s'ouvre sur l'entonnoir, nous nous y glissons tant bien que mal, de la main je m'accroche à une touffe d'herbe, l'herbe cède et j'ai dans les doigts des cheveux gluants, je me suis cramponné à la tête d'un cadavre. Ici les corps des morts font office de gabions et de sacs à terre. Nous sommes dans la sape, nous tournons à gauche, puis nous montons vers la droite dans un boyau qui serpente; il faut se baisser, se faire tout petit, car là-bas, à quelque 600 mètres, les fantassins allemands nous dominent et ce sont de rudes tireurs. Nous voici dans un poste d'observation misérablement bâclé avec des sacs à terre. Et maintenant, avec de grandes précautions, nous hissons le périscope. Quelques touffes d'herbe gênent la vue. En avant les grands moyens; enfonçant mon casque, je me hisse lentement hors du poste et couche ma tête contre le talus pour qu'elle se confonde bien avec lui.

— Mon frère a la prudence du serpent, murmure le maréchal des logis, car ce vieil ami aime à citer Cooper.

— Passez-moi la jumelle au lieu de dire des idioties.

Rien, je ne vois rien, mais le sous-officier qui est venu me rejoindre me donne des indications

— Là-bas, ces trous noirs...

— Non, ce n'est pas un trou à minen, c'est un abri de mitrailleuses.

Un coup sec claque auprès de nous, une balle fait voler des pierres. Nous nous laissons couler à terre. Une gerbe arrive, le tireur est armé d'un fusil automatique, en douceur nous nous défilons.

Nous retournons à notre point de départ, mais par un autre chemin, nous retrouvons la grande tranchée de première ligne, des fantassins y font le guet. Brusquement et comme dans un rêve, nous voyons une masse noire se balancer sur nos têtes. On nous crie : « Prenez garde ! » Un homme me saisit aux épaules et me plaque contre le talus. La torpille éclate, des flammes jaillissent, une fumée âcre tourbillonne, des éclats volent en tout sens. Un homme est littéralement broyé, un autre a la cuisse déchiquetée, plusieurs autres sont atteints. De toutes parts, on accourt, on nous relève, car le souffle du malencontreux projectile nous a jetés à terre, on nous porte jusqu'à un abri. Mon maréchal des logis ouvre les yeux et me demande si je ne suis pas touché; sa première pensée est pour moi, brave cœur ! Non, je n'ai rien, ma jumelle elle-même, un instrument de premier ordre, sort intacte de la bagarre. *All right!* En route maintenant. Quelle vie de sacrifice que celle de ces braves fantassins ! nous autres artilleurs, avons certes de dures heures, le séjour d'une batterie marmitée manque de charme ; c'est égal, nulle comparaison n'est possible entre nos misères et celle de ces braves gens.

L'observatoire du bois des B...

Nous utilisons depuis quelques jours un observatoire construit par les canonniers du 80 de montagne. Ces rudes Savoyards ont bien travaillé : s'enfonçant sous terre comme les marmottes de leur pays, ils ont débouché en sape blindée au sommet d'un escarpement. Là, ils ont établi l'observatoire, un nid d'aigle d'où l'on voit en contrebas les tranchées ennemies encloses entre deux bois dans un thalweg qui s'évase en cuvette. Nous avons ici l'avantage de la position, chose rare en ce secteur où d'ordinaire les Allemands tiennent les crêtes. L'observatoire est étroit, 4 mètres carrés au maximum, taillé à vif dans le roc, renforcé par des couches de rails, de rondins et de sacs à terre, on le devine d'une solidité à toute épreuve, on s'y sent en parfaite sécurité. Un fauteuil confortable, œuvre des observateurs, permet de s'asseoir devant les deux visières que des branches de lierre masquent fort habilement ; si habilement que jamais l'observatoire n'a reçu ni un coup de canon ni un coup de fusil, cependant les tranchées ennemies n'en sont qu'à 3oo mètres. Un téléphone, une table couverte de cartes, et, au mur, un panneau sculpté de vieux buffet. Comment ce débris vénérable, d'une splendeur passée a-t-il échoué ici ?

Les consignes sont sévères, on fume peu à cause

de la lueur des pipes et des cigarettes, de la fumée encore qui pourrait filtrer, et on ne parle qu'à voix basse. Nous avons eu la chance de ne pas être repérés encore, tâchons de conserver ce rare privilège. Est-il bien sûr que nous ne soyons pas repérés ? N'est-ce pas plutôt que les Allemands, en gens pratiques, font semblant d'ignorer notre présence ici ? Vienne une grande attaque, à la première heure les 210 pleuvront sur l'observatoire repéré peut-être depuis longtemps, il sera dès le début de la bataille bousculé et aveuglé. C'est exactement ce qui vient de se passer à Verdun, voici dix semaines, au début de l'attaque. A la guerre tout n'est qu'apparence, le raisonnement qui hier nous semblait d'une logique impeccable est aujourd'hui brutalement contredit par les faits.

Comme on voit bien d'ici les travaux allemands. Le double réseau de fils de fer qui luit et tremble au soleil. En avant des sapins les parapets soutenus par des sacs à terre, les ouvrages, les blockhaus, les nids de mitrailleuses et les abris pour petits canons à tir rapide, tout un système défensif savant et compliqué qui un jour d'attaque donnera des feux de face et des feux croisés d'une puissance irrésistible. Et demain l'aspect des retranchements aura encore changé. Le jour ils dorment, mais la nuit venue on les entend qui améliorent leurs tranchées ou en creusent de nouvelles.

Croit-on que nous les laissons travailler en paix ? A toute heure du jour et de la nuit un officier d'artillerie arrive dans l'observatoire et déclenche le feu des batteries lourdes sur les retranchements, tirs de destruction à la mélinite qui bouleversent les travaux, tirs de surprise avec des obus à balles dirigés sur les travailleurs. Aujourd'hui je viens précisément exécuter un tir de destruction avec la batterie de mon ami R... R... tire admirablement, il a un chic remarquable pour coller ses gros obus au bon endroit, c'est un virtuose et l'observer est un plaisir. La jumelle aux yeux je suis la gamme des explosions, les coups arrivent bien là où le boyau 19 coupe la tranchée principale dans le champignon, qui doit être maintenant dans un bel état. Mon téléphoniste, l'écouteur à l'oreille, se hisse sur la pointe des pieds, jette un coup d'œil par la visière et murmure, admiratif :

— Qu'est-ce qu'ils prennent ! mon lieutenant, qu'est-ce qu'ils prennent !

Ce brave, peu familiarisé avec les mystères de la dispersion et de l'écart probable, met tous les coups heureux sur le compte de l'habileté professionnelle de ses officiers. J'en suis intérieurement flatté.

Le tir terminé, un brigadier du régiment de campagne, un brave homme qui a certainement plus de quarante ans, me propose de faire le tour du propriétaire et de descendre dans les sapes. Je le suis. Notre infanterie a-t-elle donné quelque sujet de crainte à l'ennemi ? Je ne sais. En tout cas un tir de barrage (150 et 105) coïncide avec notre promenade. Nous allons comme nous pouvons vers les abris et pendant plus de 500 mètres rampons sur les mains tandis que les obus s'abattent autour de nous ; les éclats nous atteignent, aucun ne nous blesse ; éreintés, abrutis, nous arrivons enfin jusqu'à une sape blindée où nous nous coulons comme des reptiles, nous sommes couverts de terre, hideux à voir. Charmante journée !

Comment avons-nous ramené nos os de cette aventure ? je n'en sais rien. Nous sortons de la sape, des coups arrivent encore, des 105 fusants cette fois ; mauvaise affaire que cet explosif fusant, il est dangereux en diable ; en éclatant il produit un bruit strident qui énerve les plus braves. De bond en bond mon brigadier me conduit dans un pli de terrain où des vestiges de maison se dressent encore. Dans une maison éventrée un coin d'étage est debout, incrusté dans l'angle de deux murs. On voit des lambeaux de tapisserie ; un lit, une glace et quelques chaises sont ainsi suspendus dans les airs. Effet banal après bientôt deux ans de guerre, mais parfois curieux.

. . . .

Voici l'avril, puisse-t-il nous dédommager des rigueurs de l'hiver. Je ne me sens aucun goût pour la nature humide du nord de la France, qui charmait tant le cauteleux Renan dans le temps qu'il étudiait la théologie au séminaire d'Issy. La belle saison est l'amie du soldat. Ce printemps de 1916 nous apportera-t-il la victoire ? Je le souhaite sans

trop y compter. Que si on nous demande une troisième et même une quatrième campagne d'hiver
nous marcherons, sans murmurer. L'homme est
né pour la guerre et pour l'amour. A l'amour nous
consacrons des heures trop fugitives pour qu'on
lui puisse accorder autre chose qu'un souvenir. Eh
bien donc, vive la guerre !

. . . .

Un de nos camarades, retour de permission, nous
offre un grand déjeuner dans sa cagna. Cette cagna
est taillée dans la roche comme la caverne de
Robinson. La chère est délicieuse : des langoustes,
des poulets, avec un beaune mousseux qui devrait
être bu à genoux et dans des verres de diamant.
Au dessert on me téléphone.

— Oui, mon colonel, c'est moi...

— Descendez immédiatement pour passer le service à nos successeurs...

— Nous partons ?...

— Oui, on nous relève et nous allons à Verdun...

— Tout le corps d'armée ou nous seuls, mon
colonel ?...

— Tout le corps d'armée.

Je raccroche le récepteur. Voilà une bonne nouvelle. On va donc en découdre. Le champagne
pétille dans nos grands verres, nous les heurtons
joyeusement. On boit à la victoire. La victoire est
femme comme la fortune, elle sourit à quiconque la
courtise avec ardeur.

. . . .

Le service a été passé en un tour de main. Nous sommes tous enchantés malgré les récits de nos camarades du ...ᵉ corps qui nous racontent des choses horribles, un véritable roman. Ils semblent croire que quiconque n'a pas encore fait Verdun ignore la guerre; ils nous le disent sans ménagements et parfois sans courtoisie.

Le grand jour arrive, il pleut; le matin je pars avec les éclaireurs pour faire le logement de la première étape. Les chevaux pataugent dans la boue, voici une batterie et en tête un sous-lieutenant qui me dit bonjour, mais au fait je le reconnais, voyons, c'est la ...ᵉ batterie du ...ᵉ régiment, nous avons été longtemps en secteur ensemble. Un grand maréchal des logis me salue en souriant, je l'interpelle :

— Bonjour, ça a été chaud?

— Assez, mon lieutenant, nous avons perdu pas mal de monde et une pièce y est restée.

— Où est le capitaine ?

— Tué, vous ne le saviez pas?

— Non, je ne le savais pas.

— Ah! il y a eu de la misère; c'est égal, ils ne sont pas passés, et qu'est-ce qu'ils ont pris!!...

Allons! le moral est bon.

Nous gravissons le coteau de M..., la brume se lève et une dernière fois je regarde ces bois, cette vallée, ces tranchées et ces batteries où j'ai vécu pendant dix-sept mois. J'ai souffert dans ce secteur plus que je ne veux me l'avouer, et pourtant, au moment de le quitter, mon cœur se serre. Est-ce le

terrible inconnu qui se dresse devant nous ?...
Qu'importe le passé ! Qu'importe l'avenir ! Que
seules de belles pensées nous mènent vers la
grandebataille. Je fais signe à mes hommes, nous
piquons, et au galop ! nos sabres sonnent joyeusement dans les fourreaux.

CHAPITRE III

VERDUN

(Mai, juin, juillet, 1916.)

Le bivouac de Senoncourt.

Les batteries sont au bivouac dans les bois, les chevaux et les hommes installés à la diable dans des clairières sales et malodorantes dont tout brin d'herbe a été mangé ou foulé aux pieds ; les chevaux qui meurent de faim rongent l'écorce des arbres et cette dernière ressource s'épuise. C'est qu'une partie des troupes qui montent ou descendent de la rive droite font halte à Senoncourt.

Perpétuellement un double courant va et vient, c'est un défilé incessant d'hommes, de chevaux, de canons, sans compter de longues rames de camions qui passent durant toute la nuit. Le courant qui monte cache sous une apparence résolue et martiale un peu d'anxiété, dont on ne le saurait blâmer. Le courant qui descend est heureux de vivre, bien que fiévreux encore de ses durs combats : loqueteux, amaigris et fatigués, les hommes ressemblent aux héros de Raffet.

Le village de Senoncourt s'étend à droite et à

gauche de la grand'route pendant deux portées de fusil environ. Les chambres et les lits y sont rares, seuls les officiers supérieurs ont la bonne fortune d'un matelas douteux.

A cinq lieutenants nous couchons dans une grange. Le petit jour qui vient clore notre première nuit trouve nos lits de camp inondés de purin, charmante surprise !

Notre popote a trouvé place au feu dans une maison où quatre jeunes femmes nous seraient facilement trop accueillantes ; nul n'ignore à Senoncourt que seul un amour immodéré de l'armée les a attirées et fixées en ces lieux. Lorsque notre popote vint échouer ici ce détail nous était parfaitement inconnu ; comme nous passerons dans ces murs fétides trois ou quatre jours au plus, nous ne cherchons pas à planter ailleurs notre pavillon.

De l'Aisne à Senoncourt nous sommes venus lentement, faisant l'école buissonnière. La pluie n'a pas dépassé la vallée de la Vesle ; et par les routes ensoleillées, à travers les bois frémissants de la première ardeur du printemps, nous avons fait de délicieuses étapes.

Il est si bon de changer de place. Le matin nous partions à l'aube au pas de nos chevaux, nous abattions nos 25 kilomètres ; l'après-midi, avant le pansage, on faisait la sieste, ou bien, assis à l'ombre d'un arbre déjà touffu, on fumait d'innombrables pipes.

On nous a arrêtés dans un camp d'instruction, et

là, paraît-il, nous devions passer trois semaines. De fait, après dix-sept mois de tranchées, nous avions besoin de repos et encore de revoir bien des choses perdues de vue depuis longtemps. Et on a commencé à nous faire manœuvrer ; les hommes murmuraient et nous n'étions pas loin de les imiter. Le séjour d'un camp d'instruction n'a rien de folâtre ; sous prétexte de remettre en main hommes et officiers, on les exténue, on les surmène à plaisir, on les accable de vexations, le tout pour un résultat assez mince, je dirai même inexistant. Au point de vue militaire, officiers et soldats n'ont rien appris ; au point de vue physique, ils quittent le camp fatigués ; au point de vue moral, ils sont aigris et mécontents. C'est dans les camps d'instruction que l'indiscipline et l'antimilitarisme prennent naissance.

Voilà ce que l'on appelle envoyer une troupe au repos !

Heureusement notre repos a été de courte durée. Les charmantes fatigues des étapes ont repris ; nous avons même connu les délices d'un embarquement en chemin de fer. On nous a enlevés à Épernay et déposés au sud de l'Argonne.

Des étapes encore. Puis, longue halte dans un village à demi ruiné. Là, des heures lentes et monotones, la grande distraction consistant à aller voir passer les longues files de camions qui montent et descendent de Verdun.

Les uns admiraient le tour de force accompli

pour l'organisation de nos transports, d'autres
prétendaient qu'on aurait déjà eu largement le
temps d'établir des voies ferrées et que ceci était
un gaspillage inutile et parfaitement évitable. Du
coup on se disputait. Car on se dispute quelquefois.
Ce régiment serait parfait si... Nos hommes sont
admirables d'entrain, de courage, de discipline et
il est certain qu'à Verdun nous pourrons avec ces
braves gens écrire une belle page pour l'histoire du
régiment. Les sous-officiers sont excellents, ce sont
pour la plupart des réservistes consciencieux, courageux et dévoués. Individuellement, les officiers
sont à la hauteur de leur tâche ; seulement nous ne
nous entendons pas entre nous. Il en est qui vivent
dans un isolement complet; il existe des groupes,
des clans; bref, ces divers éléments fusionnent mal
et je ne veux pas parler d'amitié ou de sympathie,
il existe entre nous à peine une vague camaraderie.
Pourquoi? Est-ce la stupide querelle entre l'active
et la réserve? non. Jalousie de métier entre coloniaux et métropolitains ? oui peut-être, mais ceci
n'est pas l'élément principal de nos dissentiments.
Nous différons beaucoup les uns des autres et par
le milieu social et par les origines, l'éducation et
l'instruction; cependant j'écarte encore ces facteurs
si décisifs en bien des cas. En réalité, vivent au
régiment deux ou trois individus égoïstes, mauvais
caractère, qui rendent la vie difficile. Si on pouvait
les envoyer ailleurs la vie deviendrait agréable.

Nous avons donc fait halte dans ce village et

comme le stationnement s'accentuait, on a parlé de nous faire manœuvrer. Et ceci n'a pas été que rumeur légère. En fait, on a manœuvré. Tous les jours les batteries allaient sur le terrain chercher des positions, toute la gamme des changements d'objectif entrait en jeu, la planchette, le tachymètre, le théodolite se livraient à une sarabande folle, les liaisons téléphoniques s'organisaient en un clin d'œil, les liaisons optiques fonctionnaient. Bref, on montait à cheval à 4 heures et on en descendait à 10. Mon ami L... était à ce moment un peu fatigué et certes, n'était son vif désir de venir à Verdun, il eût mieux fait de se faire évacuer; mais, d'une énergie peu commune, il voulait tenir le coup jusqu'au bout. Donc, vu la circonstance, il coupait à nos exercices et restait douillettement dans son sac de couchage, tandis que nous courions par monts et vaux; au retour il m'attendait, l'air narquois, et me demandait si on s'était bien amusé; je l'accablais d'insultes, mais le lendemain il recommençait... Parfois on s'amusait follement...

Le commandant X..., un de nos chefs, parmi d'autres manies avait celle des liaisons optiques, c'était un apôtre de la signalisation et par elle et à cause d'elle il me rasait du matin au soir, car la signalisation, hélas! était dans mon service. Or, un certain matin, comme le père X... avait été particulièrement tatillon et ennuyeux, le colonel me chargea de lui dire que par ordre supérieur tout le monde devait regagner immédiatement le cantonnement.

Je cherche le commandant et l'aperçois à cheval à 8oo mètres environ, sur un piton déboisé ; que faisait-il là, je n'en sais rien et vraisemblablement il n'en savait rien lui-même. Je mets pied à terre, j'agite mon mouchoir, X... me voit et alors par signaux à bras et à l'aide du morse international je lui transmets l'ordre du colonel : il fait des gestes désespérés comme un homme qui ne comprend pas. D'un bond je suis en selle et je rentre au cantonnement. Inutile de dire que le commandant n'y arriva que quelques heures après, me reprochant violemment de ne pas lui avoir transmis les ordres ; quant à mes signaux, il n'y avait rien compris ; et moi :

— Comment pouvais-je supposer, mon commandant, que vous, l'apôtre des liaisons optiques, vous ignoriez l'usage de l'alphabet Morse !

Il était furieux !

Les manœuvres prirent fin et nous voilà à Senoncourt.

... Les camarades qui descendent de Verdun disent que c'est bien dur. On raconte que nous autres, nous sommes chargés d'attaquer Douaumont : c'est parfait. Des ordres arrivent : nos batteries prendront position au premier jour entre le Faubourg Pavé et le fort Saint-Michel.

— Sale coin, me dit un camarade qui sort de la bagarre, qu'est-ce que vous allez prendre !

Nous prendrons ce qui tombera. A la grâce de Dieu, comme me disait un anticlérical de marque le premier jour de la mobilisation.

...Voici le colonel, il m'aborde :

— Demain matin, à 4 heures, vous partirez pour Verdun reconnaître le terrain.

— Bien, mon colonel.

La première reconnaissance.

Le lendemain au matin, avant 4 heures, colonel, commandant, capitaines, officiers orienteurs s'entassent dans trois voitures, et en route pour Verdun. Il pleut, il fait un temps maussade et revêche, le jour lutte contre les épaisses vapeurs de l'atmosphère sans arriver à poindre.

Nous marchons lentement, la route est boueuse et glissante ; on cause peu dans notre voiture, chacun est tout à ses pensées. Nous croisons d'innombrables convois qui nous retardent. Le jour se lève, il ne pleut plus. Une rampe assez raide, à gauche une grande caserne, devant nous en contre-bas une ville, c'est Verdun. Tout est calme et tranquille, pas un coup de canon, pas même la fumée lointaine d'un départ ou d'une arrivée ; un coup d'œil sur la ville, elle semble intacte : assis auprès de moi, le commandant de V... me montre de la main les forts. Eh quoi ! c'est donc là cette ville fameuse, ce sanglant champ de bataille où depuis bientôt dix semaines se jouent les destinées du monde ? Et je regarde longuement cette ville qui m'apparaît paisible et endormie dans son cadre pacifique de collines qu'estompe la brume légère de cette pluvieuse matinée de mai.

Une route sous de hauts arbres, un faubourg, des arbres abattus, des maisons défoncées, des toits béants. Allons, ceci, c'est déjà un peu la guerre. Un mur de cimetière et la voiture s'arrête.

— Vous êtes arrivé, mon lieutenant, me dit le conducteur, et il poursuit sa route avec le commandant de V... et ses officiers, qui, eux, vont plus loin.

Devant moi, une guinguette de province avec une enseigne en grandes lettres noires : *Café des Avions* ; à 15 mètres à côté, une petite villa à deux étages. Un homme surgit d'un boyau qui débouche du sous-sol même de la villa ; je me présente, il se nomme, c'est le commandant A..., que nous allons relever. Je le suis, il m'introduit dans la cave de la villa, là est installé le P. C., on le devine improvisé et peu solide. Le commandant me présente à ses officiers.

Ces messieurs paraissent exténués de fatigue.

— Vous avez de la chance, me dit le commandant, vous arrivez pendant une accalmie, la première depuis trois semaines.

Il me conte ses déboires : il a perdu 40 °/₀ de son effectif, ses meilleurs soldats et d'excellents officiers. Nous allons prendre une succession pénible : à certains jours c'est terrible, disent les adjoints ; je les écoute avec une impassibilité qu'au fond je n'éprouve pas. Les Allemands tirent jour et nuit, ils marmitent les pentes du fort Saint-Michel ; les positions de batterie, les routes, le carrefour, tout y passe. Je demande leurs calibres usuels. Il m'est répondu :

— Du 210 sur le fort, et sur les batteries du 105 percutant et fusant, sur les routes et partout du 150 à fusée instantanée.

— Ah !

Puis nous causons service, emplacements de batteries : elles sont sur les pentes à 300 mètres d'ici, le P. C. dans la cave où nous nous trouvons, le poste téléphonique à côté dans la cave du café, l'infirmerie (elle ne chôme pas, paraît-il) dans le café même. Les lignes téléphoniques sont aériennes et toujours coupées ; l'équipe devra travailler jour et nuit à les réparer.

— Si vous restez un mois ici, ce qui est normal, me dit un des lieutenants, vous perdrez la moitié de votre effectif.

Douce perspective !

Voici le colonel et un chef d'escadron. Ils causent avec le commandant tandis qu'un des adjoints m'amène faire la reconnaissance des positions de batteries. Mon camarade me recommande de garder mon manteau de caoutchouc, car à tout instant il faut être prêt à se coucher dans la boue pour se garer des marmites. Nous partons ; sur la route, des traînées de sang, un cheval éventré, puis un autre qui a l'encolure tranchée ; plus loin, un cadavre étendu les bras en croix, le conducteur sans doute.

Sur les bas côtés vient à nous un lamentable cortège de blessés qui se traînent et qui râlent ; l'un d'eux, les yeux égarés de fièvre, me demande où se trouve l'ambulance, on les met sur le bon chemin et ils partent ; pauvres gens !

Nous visitons les batteries, elles ont souffert, le personnel est sur les dents, il n'est que temps de le relever. Pas un coup de canon ! quel calme, c'est extraordinaire ; calme précurseur de l'orage, sans doute. Ici nous sommes sous le fort Saint-Michel et la ville s'étale à nos pieds ; on voit maintenant qu'elle a beaucoup souffert : bien des maisons dont les quatre murs sont encore debout sont en réalité en ruines, les rues sont désertes, on les fouille en vain à la jumelle : pas un chat ; ce vide est impressionnant.

Nous redescendons ; comme nous franchissons la voie ferrée un 150 éclate brusquement à 100 mètres vers la gauche, nous ne l'avons pas entendu arriver.

— La danse va commencer, me dit mon compagnon.

De longs sifflements déchirent l'air et les 150 s'abattent, toujours à notre gauche, avec un bruit de tonnerre. Nous appuyons vivement à droite. Maintenant les obus arrivent en trombe, c'est le marmitage systématique de la contre-pente. Il faut que nous rentrions au P. C., moitié courant, moitié rampant avec des précautions d'apache ; en nous couchant à chaque salve nous franchissons les 500 mètres qui nous séparent de l'abri.

Le colonel arrive. On discute pendant quelques instants. Le feu redouble, puis se calme.

Voici notre auto, nous repartons ; comme nous tournons l'angle du cimetière, une marmite tombe sur la route juste derrière nous. Les éclats s'éparpillent en l'air, la fumée noire tourbillonne. Bon voyage.

Nous faisons halte à la caserne B... Là, nous apprenons que les batteries seront placées sous les ordres des commandants de secteur et échapperont au commandement tactique de notre colonel. Voici le colonel Y..., un des héros de la défense, artilleur de grande valeur, qui vient nous donner des tuyaux ; le képi sur l'oreille, les mains dans les poches, il discourt, il discourt à perte de vue sur l'emploi tactique de l'artillerie. Si j'ose manquer au respect dû à cet excellent homme, je dirai qu'il me fait l'effet d'être fort excité.

Nous serrons un certain nombre de mains amies, on retrouve ici des gens perdus de vue depuis le début de la campagne ; décidément, toute l'armée française a passé, passe ou passera par Verdun.

Une triste nouvelle court dans le même moment : notre camarade le lieutenant A..., qui était monté à Souville, vient d'avoir le bras emporté par un éclat d'obus ; on espère le sauver, mais son état est grave.

Et on palabre, on palabre toujours. Il est maintenant 13 heures, si nous songions à manger : même à Verdun le corps a ses exigences. En voiture et en route. Nous descendons à Senoncourt, les camarades nous attendent et pendant le déjeuner, ceux d'entre nous qui ont participé à la reconnaissance content les aventures de la matinée et résument leurs impressions. Après le café, mon camarade L... me prend par le bras et m'entraîne.

— Maintenant, me dit-il, nous sommes seuls, qu'en penses-tu, mon vieux ?

Je réfléchis.

— Écoute, mon petit, entre nous pas de bluff, hein, le séjour ne sera pas folâtre, il y aura des heures très dures, mais tout de même je crois que les gens qui descendent exagèrent un peu.

Nous continuons notre promenade en devisant ; un jeune sous-lieutenant nouvellement nommé au régiment vient nous rejoindre. C'est un garçon charmant, aimable, spirituel, d'une sensibilité exquise ; il s'était marié quelques mois avant la guerre, et de me dire :

— Écoute, j'ai un service à te demander... Si je suis tué, veux-tu te charger d'envoyer mon alliance à ma femme ?

Je hausse les épaules.

— C'est entendu et à charge de revanche, mais nous n'y resterons pas, voyons, pas de tristes pressentiments.

Voici l'aumônier du régiment, le père C..., qui fume une superbe pipe. Il nous aborde ; lui aussi vient aux nouvelles. On bavarde, puis l'aumônier :

— Mes chers enfants, vous n'êtes pas de bien

grands pêcheurs, cependant il faut songer à passer un coup d'éponge sur votre conscience. Demain, à pareille heure, nous serons à Verdun, et Dieu seul sait ce qui nous attend.

Le P. C. de la voie douloureuse.

Le lendemain, sur le coup de 10 heures, C..., L... et moi partons pour Verdun, nous devançons les batteries pour mieux assurer le service. Comme nous allons nous mettre en selle un camion passe; abandonnant les chevaux à nos ordonnances, nous nous hissons dans le camion à côté des obus, et en route! A D... halte, le camion ne va pas plus loin; un ambulancier américain offre de nous emmener; en l'attendant nous cassons la croûte. Comme on démarre l'aumônier protestant de la division vient à nous. Qui ne connaît ce digne et vénérable pasteur qui, malgré son grand âge, circule dans les tranchées avec l'ardeur d'un jeune homme. Et en nous serrant la main :

— Vous allez là-haut ?

— Oui...

— J'en arrive, c'est affreux, quel spectacle de mort !... Allons, mes chers amis, ne pensez pas à la mort. Pensez à la vie et à la victoire éternelle.

Et il nous quitte après une dernière poignée de main.

Nous arrivons à Verdun, le temps est clair et chaud, partout les batteries sont en action ; activité normale, les Allemands tirent ; cependant nous pouvons sans difficulté arriver au P. C., nous commençons à prendre le service. Les batteries monteront cette nuit, et nos camarades descendront ; il leur tarde d'être relevés, leurs nerfs sont à bout. Nous avons même des difficultés avec un des adjoints, le téléphoniste, car il n'est pas que nerveux, il est franchement grossier. Il émet la prétention d'emporter son standard alors que l'état-major nous a affirmé qu'il nous le laisserait ; on se dispute, et pendant un moment les choses ne vont pas toutes seules.

Chacun de nous travaille de son côté : j'installe les cartes, le docteur examine son ambulance, les clients commencent à lui arriver. La nuit vient, voici les batteries ; les Allemands tirent peu et la relève se fait sans difficulté. Changement à vue : dans le soir qui tombe les marmites commencent à rappliquer dur, elles arrivent à la file et éclatent avec un bruit strident ; ce sont des 150. Notre voiture à T. S. F., le fourgon téléphonique, etc., nous rejoignent à ce moment ; heureusement les coups sont longs, dépassent la route et tombent dans un champ de blé. Un de nos hommes, hissé sur la voiture à T. S. F., ôte son képi et salue gravement à chaque explosion. Je l'interpelle :

— Veux-tu descendre, espèce d'idiot, tu vas te faire casser la gueule.

— Ayez pas peur, mon lieutenant, vous voyez bien qu'ils tirent comme des c...

_ Voici le cortège des téléphonistes ; en tête, le cuisinier, la barbe au vent, crie :

— Voilà la devise du régiment, la devise de la maison.

Et il brandit une pancarte sur laquelle il a peint en lettres d'un pied de haut la devise fameuse : *Ici on ne s'en fait pas.* Notre gaîté semble étrange aux Bretons que nous relevons, il n'y a que des Méridionaux pour arriver à Verdun en chantant. Le tir boche se calme. Depuis hier il y a, paraît-il, une accalmie, nous verrons.

On dîne dans le P. C. C'est une cave, une simple cave qui peut bien avoir 3o mètres carrés. Elle a un plafond en ciment armé. La villa entière a été blindée et renforcée avec des sacs à terre et des rondins, mais en somme c'est une besogne qui n'est encore que commencée, nous sommes à la merci d'un percutant à retard, il faut travailler sans relâche à perfectionner l'ouvrage de nos devanciers. Aux environs du P. C., le terrain est crevassé et criblé par des marmites, mais, par un phénomène de dispersion assez curieux, le P. C. lui-même n'a reçu que quelques coups et aucun n'est arrivé en plein sur la cave où nous habitons.

Dans l'autre villa les dispositions sont identiques. Dans une cave à moitié blindée couchent les téléphonistes, c'est là que se trouvent le central téléphonique et la T. S. F. ; le même phénomène de dispersion se reproduit, les coups boches tombent autour de la villa, les plus près à 15 mètres, mais la maison elle-même n'a presque rien reçu. Je constate que les Allemands envoient surtout des 150 et des 105; il paraît que dans le champ à 100 mètres de nous, il y a des trous de 210; j'irai les voir demain.

D'un commun accord mes camarades me chargent de faire blinder les deux villas. Je sens que j'aurai quelques difficultés, car notre chef direct, un officier de la vieille école, est un peu hostile à la fortification; il considère que s'abriter sous le feu est presque une lâcheté; sa conception de la guerre est évidemment ridicule, mais à son âge on change difficilement d'avis.

Nous avons encore trois postes blindés, une petite cuisine qui communique par un boyau avec la cave, et deux abris souterrains dont un qui se prolonge sous la route; tout cela a besoin d'être renforcé. . . . .

Nous vivrons dans le P. C. qui sera aussi notre salle à manger et notre dortoir; quatre officiers couchent là sur des bat-flanc et un lit pliant, et dame, les saintes lois de l'hygiène vont recevoir un sérieux accroc. Mais le moyen de faire autrement? Nos camarades nous engagent à être prudents et nous disent que certains jours le tir allemand est si vif qu'aller d'une villa à l'autre (20 mètres environ) devient un problème, on est souvent obligé de se coucher au cours du trajet.

Suivant eux, il y a deux périodes d'accalmie dans la journée, la première de 4 à 6 heures, la seconde de 16 heures à 19 heures, c'est le moment de circuler, à toute autre heure sortir est dangereux, et dame, comme il faut sortir pour le service on risque de ne pas rentrer.

Nous voici à table, bien serrés dans cet étroit espace. La glace est rompue et nos petites difficultés de service s'évanouissent, les uns sont contents de partir, les autres d'être arrivés, tout est pour le mieux dans le meilleur des mondes.

Par exemple le téléphone ne chôme pas; un d'entre nous doit être sans relâche à l'appareil. Bonne nouvelle, les capitaines annoncent que les batteries sont en place, la relève s'est effectuée sans accident, c'est de bon augure pour l'avenir.

Le café fume sur la table, les pipes s'allument.

On cause, on discute la loi de trois ans dont le commandant A... est un chaud partisan. Voyons, voyons, il faudrait s'entendre. La loi de trois ans a donné un coup de fouet militaire au pays, elle a tourné les esprits vers la guerre, elle a remonté le moral, et certainement elle a donné de la solidité et de la cohésion aux régiments actifs. Mais quelles' erreurs elle a révélées !

Certains croyaient que les Allemands ne nous attaqueraient qu'avec leurs soldats de caserne et quelques jeunes classes de réservistes, que les hommes ayant femme et enfants resteraient à l'arrière. De ce chef, ils estimaient avoir à combattre

800.000 hommes, un million au maximum. Bref, ils pensaient que le choc décisif aurait lieu entre les deux armées actives. Le commandant regrette qu'il n'en ait pas été ainsi, moi aussi ; je serais aussi bien assis à l'ombre de mes châtaigniers que dans ce P. C. de Verdun.

Nous nous étendons pour faire un somme et voici l'artillerie boche qui entre en danse, fusants et percutants rappliquent sur la route, sur le carrefour, devant la villa. Je sors en m'abritant de mon mieux ; au-dessus de notre cave le boyau tourne et conduit à un escalier en terre qui s'élève entre les fondations de la villa, là je trouve un abri, un petit coin d'où je pourrai tout voir sans trop risquer de me faire mettre en capilotade. Quel spectacle ! Des ravitaillements d'artillerie passent sans discontinuer sur la route ; les uns avant d'arriver jusqu'à nous tournent à gauche vers le fort Saint-Michel, les autres continuent vers le Cabaret ; et il en passe, et il en passe, car Verdun n'est plus qu'un vaste nid de batteries, et ces batteries sont de grosses mangeuses, il leur faut des obus et des gargousses ; il faut aussi des canons pour remplacer ceux qui éclatent et ceux que le Boche nous détruit. Canons et caissons dans un grand bruit de ferraille défilent au trot allongé des chevaux et le tir ennemi s'acharne sur la route et le carrefour. Des 150 percutants à fusée instantanée qui trouent brusquement la nuit de leur gerbe livide, des 105 fusants qui illuminent l'espace d'une grande et brève clarté. Ils ont la bonne hausse, les chameaux! les coups éclatent sur la route avec une régularité désespérante, nous sommes abrutis par la fréquence des détonations, les éclats sifflent; aux lueurs des explosions on voit des hommes qui tombent, des chevaux qui se cabrent, d'autres qui s'emballent. Un servant tombe de son coffre et roule sous une voiture, un cheval affolé vient donner contre le parapet du boyau. Nos infirmiers sortent et s'efforcent de ramasser les blessés, la nuit est obscure, on n'y voit qu'à la lueur des marmites et ces chandelles romaines portent la mort.

Les infirmiers partent, ils reviennent portant des blessés sur leurs brancards; comme ils arrivent à ma hauteur, un 150 ou un 105, je ne sais, éclate en avant de notre groupe; le souffle nous couche à terre, les blessés roulent sur la route, on les relève, et grâce à une accalmie de quelques minutes tout rentre dans l'ordre.

Un camarade du régiment que nous relevons vient nous rejoindre et me dit que chaque nuit il en est ainsi, jusqu'à 2 heures la route présente un spectacle digne de l'enfer : les Allemands savent que nous passons là, que nous ne pouvons passer que là, et tirent sans interruption. Et on passe tout de même, lorsque les officiers et les sous-officiers sont tombés, un brigadier, un homme quelconque, le canonnier le plus énergique, prend le commandement de ses camarades et fait traverser le barrage au convoi.

On se rend très bien compte à cette heure que les deux armées ennemies sont butées dans une idée très nette : les Allemands ont décidé qu'ils entreraient à Verdun et nous avons résolu de ne pas laisser tomber la place. De part et d'autre on est engagé à fond, et du général au dernier cuistot tout le monde en met. A cette heure nos hommes ne sont pas encore couchés, je vais les voir ; ce spectacle extraordinaire les a exaltés, cependant chez eux il n'y a nulle excitation fiévreuse, mais la ferme résolution d'aller jusqu'au bout. Je sens qu'on peut tout demander à ces braves gens, ils iront jusqu'aux dernières limites de l'abnégation et de l'héroïsme.

Malgré la canonnade tâchons de dormir quelques heures. Avec un peu d'habitude et de volonté on y parvient : lorsqu'on veut on commande au sommeil comme à toute chose. Couchés sur le bat-flanc nous dormons. Au petit jour départ de nos camarades. Il y a une accalmie sensible dans le tir boche. Quel aspect présente la route ! *Via dolorosa.* On achève de relever les blessés et les morts, un malheureux qui râle encore se roule dans un fossé ; un autre adossé à un arbre pousse des cris inarticulés ; il y a des morts qui ont été écrasés par des voitures. Des chevaux morts gisent çà et là, les conducteurs achèvent de les désharnacher ; sur la route, des flaques de sang, des traînées de sang. A côté de moi un jeune téléphoniste qui n'a pas encore vu le feu regarde en ouvrant de grands

yeux; pauvre petit! Ce spectacle le chavire, il s'y
fera. Un quart de café et une pipe avant de monter
aux batteries et au fort.

Le fort.

Le fort est bombardé jour et nuit avec violence;
y entrer et en sortir sans se faire casser la figure
est un problème. On dit bien que tel ou tel endroit
de la pente est vaguement défilé, qu'au sommet on
trouve un boyau assez profond. Mais il est aisé de
comprendre que le meilleur itinéraire ne vaut rien.
La logique commande de gagner au plus court et
de prendre ses jambes à son cou. Précisément
l'heure est favorable, le tir boche s'est calmé, il
n'arrive plus que quelques marmites. En avant!
Je m'engage sur la côte raide où des batteries se
touchent : 90, 95, 120, 155, tous les calibres, du
long, du court, sans compter les mortiers, les
batteries sur affût-truc, le train blindé, etc. Toute
place est utilisée; comme la défense a été impro-
visée, on n'a pas eu le temps de fignoler les emplacements de batterie; d'ailleurs que pourrait-on
faire? En réalité, cette côte n'est plus qu'une immense batterie, il y a là cinq cents pièces peut-être.
Les Allemands n'ont pas de grandes difficultés de
réglage. Tout ce qui tombe entre le fort Saint-
Michel et la route est bon. Aussi se bornent-ils à
arroser systématiquement cet immense rectangle

en comptant sur le dieu de la dispersion pour leur donner des coups heureux. Tout en marchant je regarde à droite, à gauche : partout des canons et des obus, des tas d'obus qu'on laisse en plein air faute d'abri.

Profitant de l'accalmie les artilleurs sortent de leurs trous et respirent un peu, tendant vers le soleil leurs faces pâles et amaigries. A cette heure, notre métier est très dur et l'infanterie n'a plus à envier notre sort, nous trinquons autant qu'elle. Je fais halte dans nos batteries pour serrer la main aux camarades arrivés cette nuit; elles ont déjà tiré et reçu pas mal de marmites : pas de casse grave pour le moment. La situation est sérieuse, car les abris à personnel sont presque inexistants, les servants tirant jour et nuit ou presque n'ont pas le temps de travailler; pendant les accalmies ils dorment. Nos prédécesseurs n'ont pas fait grand'-chose, ils n'ont pas pu. Aurons-nous plus de temps? Déjà les capitaines sont au travail, ils ont conçu toute une série d'abris à exécuter le plus rapidement possible en tirant parti des propriétés du terrain; sous leurs ordres les premiers coups de pioche éventrent le sol.

Je poursuis ma route : encore des batteries, toujours des batteries; voici un groupe de 75, tout le monde y dort, ces braves gens sont exténués, il leur arrive de tirer plusieurs heures de suite presque sans arrêt; à ce jeu les servants s'épuisent et les canons éclatent; sans compter les 105 qui, dix-neuf heures sur vingt-quatre, rappliquent en rafale dans les batteries.

Le fort n'est plus qu'à 300 mètres. Toute la côte est criblée de trous de marmite, mais ici le spectacle dépasse toute imagination. Non seulement les trous se touchent, les lèvres sont tangentes les unes aux autres, mais tout est bouleversé : c'est un chaos sans forme et sans nom, comme si une charrue gigantesque avait labouré le terrain en tous sens. Ici, les vestiges d'une batterie, plus loin, un dépôt de munitions qui a sauté, des débris informes, des casques, des monceaux de fusils, des restes de canons. Je me hâte, car il ne fait pas bon stationner ainsi ; au pas gymnastique j'enfile le pont qui tient encore. Me voici dans le fort. Au passage je lis sur le porche la belle devise du génie à moitié rongée par les déflagrations de la poudre : « S'ensevelir sous les ruines du fort plutôt que de le rendre. »

Les défenseurs n'en sont pas encore là. Le fort a été furieusement bombardé et il tient toujours. Il y a des dégâts, par endroits la contrescarpe s'est éboulée dans le fossé obstruant le champ de tir des caponnières, il y a des voûtes effondrées. Mais le fort dans son ensemble a défié les explosifs les plus puissants et ceci fait le plus grand honneur à ses constructeurs, à ce corps d'élite qu'est notre génie. Pauvre génie si oublié en temps de paix !

Sur le parapet je retrouve le colonel qui est là depuis une heure déjà, nous faisons un tour d'horizon. En face de nous Douaumont dresse sa masse énorme. C'est une image fantastique, qui défie toute description : plus un bois, plus une haie, plus un arbre ni un brin d'herbe, tout signe de vie a disparu, on se trouve en face d'un terrain bouleversé, déchiqueté, en face d'un paysage lunaire ; oui, c'est bien cela, les cirques lunaires vus au télescope.

Et tout de suite on se rend compte de quelle importance tactique est la possession de Douaumont, c'est la clef de la place ; cette clef, les Boches l'ont dans leur poche, et cependant ils n'entreront pas à Verdun.

Elle a été facile, la conquête de cette clef d'or. Que d'histoires courent sur la prise de Douaumont ! ce qu'il faut retenir de ces légendes, c'est que les Allemands y sont entrés sans brûler une amorce, le fort n'était pas occupé, dit-on.

Voici les capitaines qui viennent accrocher leurs batteries sur la tourelle de Douaumont ; je les laisse à leur réglage.

Nous aurons ici un observateur en permanence, nos téléphonistes placent la ligne qui les reliera au P. C. Il faut aussi installer une guérite blindée sur le parapet, le colonel me charge d'aller la choisir au parc pendant l'après-midi, il met sa voiture à ma disposition. En somme, le colonel est censé ne plus nous commander et nous commande tout de même. Bizarre, bizarre, comme dit Nicobar dans le *Grand Mogol*.

Il faut un abri pour les observateurs ; à force de

chercher je découvre une galerie qui s'enfonce sous la caponnière nord et qui fera l'affaire.

Nous voici de nouveau sur le parapet, les Boches bombardent nos tranchées de première ligne, là en avant de nous. Nos tranchées ! Ce ne sont plus des tranchées, il n'y a plus de tranchées, il n'y a plus rien, le *Trommelfeuer* bouleverse tout. Mais notre infanterie s'est tapie dans les débrisde. boyaux, dans les trous de marmites ; héroïque et têtue, elle défend le terrain pied à pied.

Notre tâche à nous artillerie consiste à la soutenir de notre mieux. Le 75 fait du barrage, il tend un réseau de fer et de feu devant nos fantassins, parfois la lourde se superpose à la campagne et fait du barrage avec elle ; plus souvent elle tire plus loin sur les boyaux de communication de l'ennemi pour l'empêcher d'alimenter ses premières lignes, ou bien elle fait de la contre-batterie pour neutraliser la formidable artillerie boche. De part et d'autre on tire follement. Nous tirons beaucoup plus que les Allemands parce que nous avons plus de canons en ligne et plus de munitions ; mais leurs projectiles sont en moyenne d'un calibre plus élevé que les nôtres et finalement le feu des deux artilleries se balance.

Nous visitons les casemates, elles ont résisté ; les voûtes ont tenu sauf en quelques endroits. Nous voici de nouveau à air libre, je constate qu'il n'y a plus d'artillerie dans le fort, elle y était trop vulnérable, c'était un but trop facile à atteindre. Les batteries sont autour du fort qui sert d'observatoire et sera un centre de résistance si nous sommes refoulés jusqu'ici, ce qui est possible.

Le colonel redescend, je l'accompagne. Au point de vue tactique il regrette qu'on n'ait pas évacué Verdun, car en somme nous y sommes mal placés : l'ennemi est en demi-cercle autour de nous et nous tient sous des feux concentriques, et puis, en cas de recul général, dans quelles conditions se ferait la retraite avec cette rivière qui est pour nous un peu ce que fut pour l'armée autrichienne le fameux ravin de Dresde pendant la bataille de 1813?

Mais au point de vue moral, évacuer la place est chose impossible ; il faut tenir ici, en attendant l'attaque anglaise qui se monte sur la Somme et va nous dégager.

Nous descendons, nous descendons très lentement, car le colonel a allumé sa pipe et lorsqu'il fume il n'aime pas à se presser ; ce ne sont pas les marmites qui commencent à rappliquer qui lui feront hâter le pas, il est sous le feu d'une indifférence royale.

Attaque aux gaz.

Nous sommes marmités nuit et jour. Les Allemands ont repoussé notre attaque sur Douaumont et à leur tour ils veulent nous prendre Vaux ; sur nous ils déversent un déluge de fer et de feu.

Tranchées, forts, batteries, P. C., tout reçoit, tout écope, le *Trommelfeuer* ne fait pas de jaloux. Nous vivons de rudes heures. Sous ce feu continuel les nerfs se tendent et s'exaspèrent, les plus calmes, ceux dont l'âme maîtrise le mieux le corps, en ont assez. La résistance humaine a des limites.

Malgré leur fatigue les hommes tirent jour et nuit, indifférents aux obus qui tombent ; d'un œil terne ils regardent passer les brancards qui emportent leurs camarades horriblement mutilés ; on n'a le temps ni de réfléchir ni de se plaindre, il faut tirer, tirer sans interruption, car là-bas les Boches attaquent sans relâche ; à toute heure du jour et de la nuit, l'infanterie assaillie de toute part demande des barrages. Les équipes qui ne sont pas de service dorment lourdement dans les minces abris où la mort vient souvent les trouver. Il bruine, le temps est frais, presque froid.

Hier soir un dépôt de munitions a sauté près de nous, un souffle formidable nous a jetés à terre, une gerbe immense a fusé vers les étoiles, semant sur la pente des débris humains.

Nos téléphonistes réparent les lignes sans interruption, ils rampent dans les fossés, se coulent dans les trous de marmites, aucune besogne ne les rebute ; ils sont extraordinaires de courage et de résistance physique. Mais notre cuisinier et son aide sont les vrais héros de la fête, leur cuisine est encadrée par les marmites et visitée par les éclats, rien ne les trouble, ils ne s'en font pas. Lorsqu'un

150 éclate tout près du tuyau du fourneau, le cuisinier crie : « Voyez terrasse... » et l'aide répond :
« Boum, voilà ! » et ils sortent réparer les dégâts.

Notre poste de secours ne désemplit pas et je ne
parle pas seulement de nos hommes qui viennent
s'y faire panser ; mais à cause de sa situation, au
carrefour des routes il récolte la clientèle de tous
les allants et venants qu'une marmite amoche
devant le P. C. Ces amochages sont nombreux, le
P. C. est en un point où le feu boche s'acharne particulièrement.

Ce qui nous sauve, c'est notre gaîté ; mes amis
C... et L... prennent philosophiquement les choses
et je les imite, on rit de tout et de rien ; lorsque le
spectacle est par trop horrible on détourne la tête
et on tâche de l'oublier. Un véritable soldat doit
être bohême et se ficher du tiers comme du quart.

... Il est 18 heures, le feu boche vient de cesser
brusquement, nous sortons sur la route et immédiatement je mets les hommes au travail. Grosse
besogne, il faut consolider les abris et réparer les
dégâts du marmitage. L... se met à renifler comme
un chien de chasse et me demande si je ne sens pas
une odeur bizarre dans l'air. Oui, oui, on dirait...,
mais c'est l'odeur de la poudre : on a tellement tiré,
aujourd'hui. Une détonation brutale claque à nos
oreilles ; étourdis, nous roulons sur le sol ; à
15 mètres de nous, une fumée noire tourbillonne,
une gerbe d'éclats siffle ; on se tâte, rien, nous
n'avons pas de mal : c'est un 210.

— Quelles brutes, ces Boches ! dit L...

La tête du cuisinier émerge du boyau :

— Le riz est sur la table, messieurs.

Eh bien ! descendons manger le riz, puisque tout aussi bien nous sommes condamnés au riz à perpétuité. Mangeons-le, puisqu'il est sur la table !!! Et quelle table ! Ce pique-nique, qui dure depuis dix-huit mois, devient fastidieux.

Nous sommes si fatigués que nous nous endormons en mangeant notre riz. Je voudrais bien faire un somme ; après la furieuse bataille de ces deux derniers jours, les Boches vont sans doute nous laisser tranquilles. J'installe le téléphone près de mon lit pliant à portée de la main ; sur une chaise, le plan directeur. Tout le monde s'allonge d'un tour de main. L... éteint la lampe électrique (cette lampe est un véritable chef-d'œuvre dont il est l'inventeur). Encore quelques minutes et tout le monde va dormir.

— Ce calme est anormal, dit Ch... Est-ce que ces c..... nous réserveraient un tour de leur façon ?

Et le voilà qui se lève, boutonne sa vareuse et sort du P. C. Il y rentre en coup de vent, toussant, à moitié suffoqué.

— Les gaz ! on n'y voit pas sur la route, une nappe de gaz descend du fort.

Nous bondissons sur nos masques : en un tour de main ils sont mis ; c'est bien désagréable à porter, cet outil-là. L... et moi n'avons qu'une pensée : prévenir les hommes qui dorment dans les abris et peuvent d'un instant à l'autre passer du sommeil dont on se réveille dans celui qui est définitif. Nous sortons. La lueur de nos lampes électriques nous montre une brume jaunâtre assez dense qui a envahi la route et qui doit venir du Cabaret. Nous réveillons les hommes, ils mettent leurs masques. Pas d'accident. Le docteur est inquiet; je le suis dans le poste de secours, on peut y parler à l'aise, car sont bien closes les portes et les fenêtres. Le docteur est un chimiste éminent; à tort ou à raison il craint que ces gaz ne contiennent du cyanogène : ce serait la mort à bref délai. Comme il est bien outillé, il va tenter une réaction; je l'aide : non, rien à craindre de ce côté.

Ch... a téléphoné aux batteries : elles ne souffrent pas, car la vague n'arrive pas jusqu'à elles... Le temps passe, les minutes semblent être des siècles. Il est minuit. La nappe de gaz tient toujours, sa persistance devient inquiétante. L...., accablé de fatigue, est redescendu dormir dans la cave; je m'assieds près du téléphone. Le masque m'étouffe; je sors sur la route. Le Dr B... est là qui veille; il me fait signe et lève la main. Oui, le vent commence à souffler. Peu à peu le vent se lève, la lourde nappe se dissipe et descend vers la ville; à 1 heure, tout danger a disparu.

Au petit jour je monte à la batterie D..... Pauvre batterie, elle est marmitée à fond, mais elle ne se laisse pas faire, elle riposte avec furie et ripostera tant qu'elle aura une pièce debout. Le capitaine D....

et le lieutenant G... me reçoivent, calmes et souriants comme s'ils étaient dans la cour du quartier. Ils demandent des détails sur l'attaque au gaz; nous bavardons. Puis je prends quelques photographies, et en route. Le retour est pénible, je suis obligé de me coucher pour laisser passer les marmites : c'est assommant; je ne voudrais pas qu'un éclat vînt abîmer mon appareil à cause de son objectif, un Zeiss merveilleux.

Les roses de Verdun.

La bataille pour Vaux continue. Les marmites pleuvent avec une régularité désespérante. Quel spectacle! Et partout la mort; à toute heure, à toute minute cette sombre déesse rôde autour de nous. Malgré nos feux intenses, l'infanterie allemande attaque toujours. Ah! ce sont de rudes soldats, quoi qu'en pensent nos pauvres journaux. Cette triste presse qui discute tandis que se joue le sort de la France pour savoir s'il faut débaptiser l'eau de Cologne, si on peut encore écouter Beethoven et Wagner, lire Goethe... quels sombres crétins !

L... s'est procuré la partition de *Tristan* dans une édition allemande (en matière de protestation, dit-il). Nous nous asseyons dans le P. C. et feuilletons ensemble le sublime drame d'amour et de mort. Et ceci me rappelle que le patron vient de nous en boucher un joli coin. Le colonel n'ignore pas que L... et moi nous piquons de savoir très purement l'allemand. Or, avant-hier, ses yeux tombent sur *Tristan,* il feuillette la partition, en lit quelques vers et nous les traduit à livre ouvert avec un chic énorme. Et le père Wagner n'est pas commode à traduire, j'en appelle à ses admirateurs du temps de paix. Pauvres diables, que comprenaient-ils à cet art prestigieux qui est peut-être le plus bel effort de la pensée humaine depuis Sophocle !

Laissons ces misères, nous sommes des soldats, nous autres, et n'avons pas de temps à perdre à réfuter les imbécillités des gens de plume.

Nous tenons et c'est beaucoup, mais nous sommes fatigués ; fatigués et anxieux, car nous sentons tous, officiers et soldats, que notre situation est précaire. Un gros effort des Allemands peut rompre le front et nous refouler jusque dans la ville où nous serons pris comme dans un guêpier. L'infanterie, bien qu'on la relève fréquemment, est encore plus épuisée que nous. S'il pouvait y avoir une accalmie dans le combat... ! Depuis deux jours l'accalmie se produit régulièrement entre midi et 3 heures : j'en profite pour aller faire un tour dans un bosquet encore debout à côté de la caserne du champ d'aviation ; là je trouve les plus belles roses du monde, qui s'épanouissent indifférentes à nos tourments et à nos angoisses. Ce bosquet a été épargné par les obus et par les hommes ;

c'est un coin calme et paisible, un coin miraculeux
où ces chères roses muettes et parfumées ont voulu
vivre et mourir. Il en est de blanches au cœur blanc
et pur dont la pâleur s'apparente à de discrets aro-
mes ; il en est d'un rouge éclatant, et c'est bien ainsi ;
la gloire qui fait couler le sang ne fait-elle pas fleu-
rir les roses ? D'autres sont jaunes comme le jour,
dorées comme le miel, de quoi enchanter déesses et
belles mortelles si les filles lointaines de l'Olympe
et de la terre erraient en ces jours monotones et
sanglants dans ce rustique enclos. Plus loin est un
autre bosquet moins poétique, car il est à moitié
ravagé ; comme les marmites n'y pleuvent plus,
quelques-uns de nos conducteurs y bivouaquent
avec nos chevaux de selle. Parmi eux, le trompette L..., un philosophe qui, dans ces bosquets,
s'est constitué plusieurs demeures, comme Robinson Crusoé. La première lui sert de gîte habituel :
c'est une cabane en planches à proximité des
chevaux ; cette cabane n'est même pas à l'abri d'un
simple 77 fusant ; aussi, dès que le tir boche
s'allonge et menace le bosquet, L... court-il plus
loin, sous un abri plus sérieux qui offre la protection d'une couche de rondins et de quelques centimètres de terre. C'est déjà mieux, mais un percutant entrerait ici comme chez lui ; aussi, lorsque les
fouilleurs s'annoncent, L... galope plus loin : là,
dans une batterie en construction, il a repéré un
bon abri, un abri de père de famille où, en riant de
la canonnade, l'excellent homme vient songer aux

siens, à sa femme à ses enfants qui meurent de faim dans une ferme du Gers.

Comme il sied, j'ai communiqué ma découverte à L..., et chaque jour, vers 13 heures, nous nous offrons une petite promenade; très courte cette promenade, car nous sommes seuls pour assurer le service. Ch... a été évacué, il était arrivé ici fatigué, et la vie terrible que nous menons a eu raison de son énergie.

Cette demi-heure de liberté, c'est une halte charmante dans une rafraîchissante oasis. Nous parcourons le petit bosquet en causant, en échangeant nos pensées, et notre conversation nous mène toujours loin de la guerre. A cette heure, l'accalmie est réelle et, en tout cas, jamais un obus ne s'est égaré dans la direction de ce jardin des fées, de notre divine roseraie.. . . . .

Mais, aujourd'hui, les choses ont failli se gâter. A l'heure habituelle nous circulions paisiblement, et voici que, soudain, quatre 105 fusants éclatent en avant de nous. Nous nous dirigeons vers la caserne sans nous presser, car ces coups sont venus là au hasard. Pourquoi quittons-nous le bosquet? nous n'en savons rien. Nous faisons cependant bien de le quitter. Cent pas sont à peine franchis qu'un beau 150 s'abat au milieu de nos roses et d'autres coups arrivent sur la crête, 105 et 150. Nous nous abritons dans la caserne. Que s'est-il passé? Sans doute la saucisse boche nous a vus, d'où ce marmitage intempestif. Les minutes passent, les coups arrivent toujours. Nous ne pouvons pas nous éterniser ici : il faut à tout prix regagner le P. C. Nous sortons et, moitié courant, moitié rampant, comme les coureurs des bois de Gustave Aymard, nous nous faufilons vers notre poste, nous n'y arrivons pas sans avoir été copieusement arrosés ; avec notre veine ordinaire nous n'avons reçu que de la terre et des éclats de cailloux.

Si j'étais poète je chanterais les roses de Verdun.

Au retour de notre excursion, L... part vers le fort faire réparer ses lignes ; je fais dresser l'antenne de la T. S. F. et disposer les panneaux, car nous réglons avec avion, et précisément c'est un de mes anciens camarades de l'escadrille qui monte aujourd'hui. Je tâche de lui faciliter la besogne, sachant par expérience que là-haut on n'est pas à son aise ; aussi l'aviateur peste-t-il souvent contre l'officier d'antenne qui n'interprète pas assez vite les signaux de la T. S. F. Le réglage marche à bonne allure, mais sans doute la saucisse a-t-elle aperçu nos panneaux, car voici les 150 qui rappliquent. Rien à faire, il faut continuer. J'avise un grand trou creusé par un 210 et décide que les manipulateurs et moi nous nous abriterons dans l'excavation ; on n'en sortira que pour les manœuvres. Les hommes ne m'obéissent qu'avec répugnance, ils ne veulent pas s'abriter, ils prétendent que les Boches sont trop maladroits pour les toucher. Entre chaque salve ils blaguent :

— Trop long, trop court, à gauche, idiot, à droite, imbécile.

Les marmites éclatent à 15 mètres, les couvrent de terre ; ils se secouent comme des chiens mouillés et éclatent de rire : décidément, le moral est bon.

Les Allemands racontaient volontiers, avant la guerre, que nous étions trop veules, trop amoureux de notre bien-être, trop gâtés par nos luttes politiques pour être capables de nous battre. Ils ont dû changer d'avis. Ce qui leur arrive s'appelle, dans notre langage imagé, tomber sur un bec de gaz.

Ils se souviendront de Verdun.

Dans un autre ordre d'idées, Verdun a rehaussé le prestige de l'artillerie. Au début de la campagne, l'artillerie avait donné dur et les éloges ne lui étaient pas marchandés, mais, au cours de cette longue guerre de position, c'est l'infanterie qui a été la grande sacrifiée, et les fantassins nous ont considérés un peu comme des gens pour qui la campagne est douce : nous perdions beaucoup moins de monde qu'eux et notre vie était bien moins pénible ; mais, depuis bientôt quatre mois, nous écopons dans de belles proportions, et j'ose dire que nous écopons avec une certaine allure.

On peut venir regarder nos batteries sous le feu : pas un fléchissement, pas une plainte. Il y a près de nous des batteries de 155 et une batterie de 220 qui sont ici depuis le début de l'attaque, une d'elles est commandée par le capitaine X..., avant la guerre le plus placide des notaires : ces braves gens sont depuis quatre mois sous le *Trommelfeuer*, leurs pertes sont énormes, personne ne bronche, tout le monde tient le coup. Voilà pour la lourde ; et que dire de nos batteries de 75 qui au début étaient sans abri dans le bled, exposées au feu terrible.de la grosse artillerie allemande ? Elles perdaient un monde fou, les officiers, les sous-officiers tombaient les uns après les autres. Tant que le matériel n'était pas détruit, le tir continuait sans une défaillance.

Un officier de chasseurs à pied me disait :

— Les artilleurs se font casser la figure avec un chic que nous leur envions.

Ce sont là des constatations qui font plaisir. Un peu d'esprit de corps ne nuit ni à la bonne camaraderie ni à la liaison des armes. Il est bon que chacun ait la fierté et l'amour-propre de son uniforme.

La chute de Vaux.

La bataille continue. Elle fait rage. Les attaques succèdent aux attaques. Les Allemands poussent à fond. Ils veulent à toute force entrer à Vaux. Une averse de fer et de feu s'abat sur nous sans discontinuer. Les régiments fondent comme cire sous ce feu d'enfer. Cependant nous soutenons de notre mieux notre infanterie, nous tirons jour et nuit sans discontinuer ; les canons, rapidement usés par ce feu terrible, sautent et à la nuit on les remplace. L'artillerie allemande cherche à neutraliser nos batteries et dirige sur nous un feu implacable.

Ils savent bien, les Boches, que du fort à la route
tout est plein de canons, le moindre pli de terrain
abrite une batterie, et ils battent cette contre-pente
avec une rage méthodique. Comment ne sommes-
nous pas tous écrabouillés depuis longtemps ? je
n'en sais rien.

Absence complète de nouvelles, nous sommes
isolés comme de malheureux abandonnés dans un
îlot au milieu d'une mer en furie. Nous faisons
brutalement notre métier d'artilleur, un point c'est
tout. L... et moi centralisons les observations et
répartissons le feu sur les objectifs, les officiers de
batterie font tirer leurs pièces. Mais où en est la
bataille ? Que faisons-nous ? Que fait l'ennemi ?
nous le savons si vaguement qu'il est inutile d'en
parler.

Des prisonniers passent, des hommes et un officier que j'interroge, ils ont été pris à l'instant. Ils
sont épuisés de fatigue, mais leur moral est bon. Il
a une belle tête de soldat, ce lieutenant, il respire
la force et l'entêtement. Il se dit sûr de la victoire.
C'est ce que nous verrons. Il prétend que nous
avons tiré sur eux, alors qu'ils se rendaient. Tout
arrive à la guerre.

— Vous êtes Nietzschéen sans doute, Herr Ka-
merad, moi aussi ; alors, les vaincus... et vous
l'êtes présentement... poussière...

Devant le P. C. passent en se défilant de leur
mieux (car le point est très dangereux) des bataillons de renfort ; des blessés descendent ici comme

ils peuvent, mais tout ce monde ne sait rien. Les ordres sont vagues et imprécis. Ceux qui montent tâchent de gagner la première ligne pour la renforcer et savent juste qu'ils vont à tel point marqué sur le plan directeur ou sur une modeste carte, et encore...

Pauvres gens, avant d'atteindre la première ligne souvent un tiers des leurs jonchent la voie douloureuse. Ceux qui descendent sont dans un tel état d'anéantissement qu'on n'en peut rien tirer. Quant à nous artilleurs, inutile de nous demander un renseignement, nous ne savons rien...

(censuré)

Les anciens de Verdun, les artilleurs à pied qui n'ont pas été relevés, prétendent que du temps du général Pétain il n'en était pas ainsi. Sur cet homme l'opinion est unanime : c'est quelqu'un, c'est un chef...

Une batterie vient d'être bouleversée à 100 mètres
du P. C., nous y courons : elle a été littéralement
retournée par les 210, le matériel est dans un
triste état. Beaucoup de morts et de blessés; sur la
route une tête a roulé, le cou a été tranché comme
par un rasoir ; dans les fils de fer voisins, des entrailles
pendent... Je pousse jusqu'à l'entrée du boyau,
des blessés en sortent, puis des hommes valides
qui soutiennent un camarade qui a la cuisse brisée.
C'est un coureur de Vaux : il portait, je crois, un pli
qui a été transmis ; il nous dit que la vie dans la
forteresse est infernale : la garnison bloquée dans
les casemates est à toute extrémité, l'eau manque.
L'accent de ce soldat me révèle un compatriote, il
est d'un village voisin du mien. Vaux est défendu
par des troupes du Languedoc et nous ne pouvons
rien pour les secourir, rien... Le feu va toujours
croissant, les marmites boches tombent de plus en
plus denses. Quelques hommes démoralisés, terrifiés, ont franchi la route... Coup de téléphone.
Ordre d'aller immédiatement reconnaître les positions de repli, diable!... Je pars. Route longue et
pénible, car la deuxième ligne n'étant pas très loin
de la première, les marmites y tombent aussi.
Quelques-unes parmi ces positions n'existent que
sur la carte, le travail n'est même pas amorcé,
d'autres sont meilleures. En voici de très suffi-
santes, seulement je ne sais qui a dessiné le tracé
de ces batteries, qui les a construites, elles sont
mal orientées, que faire ? Espérons qu'elles ne ser-

viront pas. C'est égal, les choses se gâtent. Un officier et moi arrêtons deux hommes qui fuyaient; ils s'étaient réfugiés dans un abri avec des vivres et là attendaient le moment de filer vers l'arrière, quitte à raconter une histoire quelconque pour justifier leur disparition. Nous les emmenons avec nous, c'est notre devoir, un devoir avec lequel on ne peut transiger, mais qui serre le cœur, car leur cas est grave...

La canonnade semble se calmer un peu, nous en profitons pour écrire quelques lettres, en nous faisant des niches, nous nous amusons comme des enfants...

Nous recevons un peu moins et du calibre moyen, du 105; des heures passent... Nous tirons toujours et des heures passent encore... Nous vivons comme des bêtes, dans la boue et dans la saleté. Trois jours passent ainsi. De part et d'autre la canonnade a décru d'intensité, elle est moyenne, puis brusquement à certaines heures elle fait rage, nos gros canons tirent à toute allure, les 75 font un véritable feu d'artifice, à leur tour les Boches ripostent dur et le spectacle est indescriptible, infernal et féerique à la fois...

... Comme je descends dans le P. C., L... m'arrête :

— Vaux est pris.

Je suis atterré.

— Comment le sais-tu? On a téléphoné?

Il hausse les épaules.

— Non, le ravitailleur a apporté un journal qui le dit.

Et c'est ainsi que nous apprenons la chute de Vaux.

Une tournée photographique.

La canonnade a repris avec la même intensité. Les Allemands veulent maintenant faire tomber Souville. Nous autres, artillerie lourde, soutenons de notre mieux le 75 ; nous avons allongé notre tir et marmitons les boyaux boches, le fameux boyau de Paderborn par où descend leur infanterie. Et les hommes tombent, tombent. Chaque jour il faut creuser de nouvelles fosses. Notre aumônier vient nous voir, il est infatigable, il va sans cesse des P. C. aux batteries, se dépensant sans compter. Par lui nous avons des nouvelles des camarades. L'infanterie est relevée depuis longtemps, elle a beaucoup souffert ; l'artillerie de campagne s'en va aussi. Pauvre artillerie légère, qu'est-ce qu'elle a pris, et par l'aumônier nous apprenons que la batterie de notre ami R... est détruite. Je demande des nouvelles de plusieurs bons camarades, ceux avec qui nous trinquions joyeusement le jour du départ pour Verdun, le lieutenant B..., le sous-lieutenant C..., l'adjudant B..., tous morts !! Tous, est-ce possible ? Oui, un coup de 210 les a ensevelis dans leur P. C. et l'aumônier donne des détails : ils n'ont pas été tués sur le coup, mais sont morts asphyxiés.

De si bons camarades, si gais, si pleins de vie. L'aumônier vient de perdre coup sur coup un frère et son beau-frère, tués à la cote 304, je crois...

Nous nous souviendrons de Verdun.

Serons-nous relevés nous aussi ? On semble nous oublier dans cet enfer.

. . . .

Les choses vont mieux. Sous la menace des Anglais et des Russes, sans doute, l'étau boche se desserre ! D'ailleurs, des troupes fraîches arrivent et le combat continue, seulement c'est nous qui attaquons et notre première ligne s'améliore. Depuis quelques jours je suis grippé : cette cave humide où nous couchons dans la boue m'a joué ce mauvais tour ; j'ai de la fièvre, je me sens irritable et nerveux.

... On se bat furieusement, nous sommes engagés à fond, nos canons tirent sans arrêt et les 150 tombent sans arrêt également. Notre poste de secours est envahi par les blessés, les deux docteurs sont sur les dents, ils travaillent jour et nuit dans les batteries, aident les brancardiers du régiment et des régiments voisins ; ils n'ont pas volé leur Croix de guerre. Cette modeste Croix de guerre, que tant de gens qui n'ont jamais entendu ni siffler une balle ni éclater un obus portent ; pour nous honorer sans doute ?

. . . .

Quelle belle accalmie ! Certes le feu n'a pas cessé, des marmites arrivent toujours, mais en nombre modéré, L... et moi en profitons pour faire une grande toilette, nous ôtons nos bottes, nous nous déshabillons ; nos uniformes, les ordonnances les battent. Pendant ce temps nous prenons un tub. Délices infinies !!... Une forte explosion, tout tremble autour de nous... puis rien... la porte s'ouvre... C'est le chef d'escadron en personne :

— Les gaz ! les gaz ! attaque par les gaz ! Ce n'est pas le moment de prendre un tub !

Enfilant mes babouches, je sors sur la route en costume d'Adam, je regarde, tout en haut près du fort un gros nuage jaune ; je hausse les épaules :

— Mais non, mon commandant, ce ne sont pas les gaz, c'est un dépôt de munitions qui vient de sauter, vous le voyez bien.

Et je rentre retrouver L... qui barbote comme un canard.

Le commandant serait traité par nos alliés britanniques d'homme *excited*... La journée est belle et calme ; laissant le patron au P. C., L... et moi partons en tournée photographique. A toute allure nous gagnons Verdun. Pas un chat dans les rues désertes et ruinées : ce vide, ce silence est impressionnant. Je brûle plusieurs films, L... et moi nous nous photographions mutuellement en des poses variées parmi les ruines fameuses et héroïques. Un sifflement, un 150 sur la ville, le premier de la journée. Nous bouclons l'appareil et en route. Le retour est un peu mouvementé : ces brutes de Boches nous arrosent avec du 88. Comme il y a un dieu pour les photographes, nous rentrons sans encombre ; il va être midi... Le téléphoniste :

— Mon lieutenant, un officier au téléphone pour l'état-major de l'artillerie.

Je prends l'écouteur... et, vite, j'alerte tout le monde :

— Bonne nouvelle, messieurs, nous sommes relevés.

— Quand ?

— Ce soir, nous filons demain matin. *All right !*

Mon Dieu, s'il fallait tenir encore, nous tiendrions, mais la relève nous comble de joie. La bonne nouvelle circule. Le cuisinier entre gravement, son plat de riz à la main :

— Ces messieurs sont servis.

Je l'apostrophe :

— Va-t'en au diable avec ton riz ; demain soir, nous mangerons du poulet et nous boirons du champagne.

Demain soir..., oui, mais il faut vivre jusque-là.

La relève.

Ce sont des coloniaux qui nous relèvent, ils viennent d'arriver. Ils tombent bien, l'accalmie continue. Quels bons camarades, charmants, pleins d'entrain et de vivacité ! Avec eux aucune difficulté, le passage du service se fait promptement avec une régularité parfaite. Voilà qui me réconcilie avec l'armée coloniale.

La relève des batteries aura lieu demain matin, entre 2 heures et 4 heures. C'est le moment le plus favorable. Ce soir, nous dînons mal, mais joyeusement. Nos nouveaux camarades sont des gens qui ne s'en font pas et nous nous gardons de leur faire part des tristes heures qui les attendent ; à quoi bon, ils les connaîtront toujours assez tôt.

... Les batteries coloniales arrivent, nous les guidons dans la nuit noire... Jusqu'ici tout va bien, la relève s'opère automatiquement ; de temps à autre des 105 fusants éclatent sur nos têtes : ils sont tirés sur une hausse longue, pas de casse... Des sifflements sourds et prolongés : ce sont des 150 ; ils éclatent devant nous sur les pentes du fort : les chose se gâtent... Il arrive encore des 150, et brusquement devant nous une salve s'abat sur la route qui monte au milieu des canons et des caissons. Quatre coups qui ont porté : cris, jurons, gémissements ; des chevaux s'affolent, des hommes gisent sur la route ; le nouveau régiment n'a pas de chance, il écope : déjà des morts et des blessés. Nous faisons appuyer la colonne à droite à travers champs pour dégager la route. Des 105 fusants éclatent : la confusion augmente. Maintenant c'est un véritable tir de barrage qui commence. La nuit est moins obscure, on y voit mieux. Un convoi descend la pente au grand trot. Un maréchal des logis le conduit ; ça va être une jolie salade ! Le barrage augmente d'intensité. Le maréchal des logis met sa colonne au pas, et d'une allure sûre et tranquille il s'engage à travers les marmites : il passe ; chose étonnante à dire, ni lui ni ses hommes ne reçoivent le moindre éclat.

... Voilà les batteries en place. En rentrant au P. C. nous voyons des compagnies d'infanterie qui montent : les hommes passent en file indienne, sous des rafales qui continuent à arriver. Une accalmie..., le jour se lève. Notre régiment à son tour défile rapidement sur la route. L... et moi renvoyons nos chevaux, nous descendrons avec un camion. Voici des convois de blessés qui défilent : ce sont des ambulances américaines, de petites voitures Ford, hautes sur roues, semblables à des araignées. Allons, une poignée de main à nos camarades. Adieu et bonne chance. Nous nous hissons sur un camion qui descend. Un beau 150 vient s'abattre contre le talus de la route, dernier souvenir des Boches. Nous roulons. Un dernier regard à ce cirque fameux, aux collines et aux forts, et nous sommes dans la plaine, nous allons vers la vie...

. . . .

Il est midi. Le régiment bivouaque près de Senoncourt, à l'orée d'un bois ; les petites tentes sont dressées, les cuisines fument, les hommes chantent et s'interpellent en riant. Il fait un temps délicieux ; ce mois de juillet est charmant et veut nous dédommager de la pluie de Verdun.

Verdun ! Nous avons quitté le champ de bataille depuis quelques heures et il semble que nous vivons depuis des siècles, car en réalité nous vivons. Nous sommes tout à la joie, comme des écoliers en vacances.

On annonce une rude étape pour demain : 35 kilomètres. Qu'importe ! on la fera. Et on la fait par une chaleur accablante ; six chevaux morts en cours de route. Nous voici au repos dans un petit village. Ce repos, hélas ! sera court. On nous attend en Argonne, dans le secteur du Four-de-Paris... C'est un véritable repos : on dort, on fume, on ne fait rien. Quelle belle vie !...

Une seule ombre au tableau. . . . .

. . . .

. . . .

Lorsque nous sommes montés à Verdun on nous a rassemblés pour nous engager à bien nous battre. Que de promesses, alors ! Maintenant, rien. Pas un mot, pas un remerciement ; le régiment qui s'est admirablement conduit n'entend pas une bonne parole. Et cependant, ces hommes sont si peu exigeants... Quelqu'un qui viendrait leur dire « Merci, mes amis » comblerait tous leurs vœux.

Pour toute récompense, notre chef d'escadron se fait attraper parce que les hommes sont en mauvaise tenue ; or, c'est le lendemain de notre relève et après une étape accablante de 35 kilomètres.

On refuse la Croix de guerre à l'aumônier qui

s'est conduit en héros et à un brigadier téléphoniste qui a été jour et nuit sur la brèche, réparant les lignes sous un feu intense, payant de sa personne avec un entrain merveilleux. Que de maladresses !

L... quitte le régiment, il prend la direction d'un service important et délicat. Je le vois partir avec peine et voudrais, moi aussi, aller ailleurs. Le métier d'orienteur ne me dit plus rien. J'ai envie de commander une batterie. Ici, rien, rien de disponible ; je vais chercher dans un autre régiment.

Pour l'instant, la grosse affaire est de partir en permission. Tandis que nous luttions à Verdun, les bureaux du corps d'armée sont restés à l'arrière ; ces messieurs en ont profité pour aller en permission, et je ne les en blâme point. Seulement, ils pourraient bien se montrer plus aimables pour les officiers de troupe et activer le tour de départ. En vérité, ils ne font rien pour nous être agréables...

Tout arrive ; j'ai décroché une permission ; le rapide m'emporte vers Paris. Dans mon compartiment, un journaliste très compétent m'affirme que l'artillerie allemande tire très mal.

— Ben, mon vieux, dirait mon cuisinier, t'es culotté !

CHAPITRE IV

ARGONNE

(Août 1916)

———

Le ravin sous la pluie.

Il pleut, il pleut jour et nuit sans discontinuer ; une pluie estivale voile le ravin de son réseau léger. Au fond du ravin coule un ruisseau qui bondit entre les cailloux, dans un murmure rauque, comme dirait le divin Virgile. Que ces images ne nous attendrissent point, les *Géorgiques* ne sont pas de mise ici. Dans les flancs abrupts du ravin nous avons creusé des plates-formes et des abris ; nos canons sont là qui tendent leur bec effilé pardessus les buissons et portent notre réponse aux batteries allemandes qui nous canardent sans cesse. Les Allemands nous savent ici dans ce ravin, leurs 105 et leurs 77 s'y donnent de désagréables rendez-vous.

Il pleut, il pleut toujours, les averses percent le dôme épais des arbres séculaires, nous pataugeons dans une boue noire et profonde. Nous couchons dans des baraques Adrian, logements de planches ingénieux et pratiques qui nous abritent de la pluie et de la fraîcheur des nuits, mais pas de l'humidité. Nous faisons du feu (au mois de juillet), mais en vain, les bûches vertes se consument dans nos poêles et nous enfument ; l'humidité pénètre et moisit tout : c'est délicieux ! Le moindre éclat de 77 traverse nos murs de planches et, comme à certaines heures, les obus pleuvent dur autour de nous, la situation n'est pas d'une gaieté folle. Où s'abriter ? Il existe bien dans le ravin de grandes sapes creusées par le génie, mais outre qu'elles sont pleines d'eau, il y règne une humidité mortelle. Descendre serait la mort certaine, au lieu qu'ici, en plein air, on court simplement les chances du bombardement.

Singulier pays que cette Argonne, cette forêt haute et profonde qui couvre de ses replis ténébreux un terrain fort accidenté. Des vallées abruptes et des ravins à pic : les Thermopyles de la France. Oui, oui, les souvenirs des légendes de la Révolution.

En somme, on n'attaquera jamais ici : aucun des deux adversaires ne contraindrait l'autre à reculer. J'ai été au bois de La Grurie et ne m'explique pas l'âpreté de la lutte en un point du front où aucun des adversaires ne pouvait, ce semble, obtenir un succès sérieux. C'est une chose connue que les Allemands font très bien la guerre en forêt : affaire d'habitude. Ils ont sans doute voulu exploiter leur supériorité : la chose leur a assez mal réussi, ils ont payé cher, très cher, des avantages locaux sans importance.

Aujourd'hui, orientation des batteries. C'est toute une histoire de faire de la topographie dans ces bois noirs où on ne voit rien, ni un clocher, ni un signal, ni un point trigonométrique quelconque. Les opérations sont difficiles et d'une lenteur... Je me mets en colère, ce qui d'ailleurs ne change rien à la situation. Une éclaircie, on travaille ; à peine a-t-on fait deux stations que la pluie arrive. Ce mois de juillet n'est pas dans une musette. Et toujours les 77 qui miaulent à nos oreilles et nous saupoudrent d'éclats. On travaille malgré la pluie, on aménage de vastes logements souterrains pour les hommes en pratiquant des écoulements. Nous voudrions, en un mot, des abris habitables et utilisables, et non pas des sapes qui ne sont bonnes à rien. Il est aussi question d'utiliser la voie de 60 centimètres pour notre ravitaillement, et du coup il faut étudier un tracé nouveau.

. . . .

Nous avons été bombardés toute la nuit. Ma baraque est à 100 mètres d'une batterie de 75 qui, dix heures de suite, a tiré sur les Boches. Immédiatement 77 et 105 de rappliquer sur la batterie ; pour nous, qui logeons à côté sous un toit de planche, c'était délicieux ! Les éclats trouaient notre baraque. Comme le terrain est rocailleux, les percutants soulèvent des gerbes de pierres et les projettent très loin : un charme de plus.

Impossible de fermer l'œil au milieu de ce chahut infernal. Que faire ? ce soir, nos batteries ne prennent pas part à la fête. A la lueur de ma méchante petite lampe je lis un drame de Sophocle.

« Amour, invincible amour qui subjugues les puissants de la terre et reposes sur les joues délicates de la jeune fille, qui traverses les mers et visites la cabane des bergers, nul, parmi les dieux immortels ni parmi les hommes éphémères, n'échappe à tes traits ; celui que tu possèdes est en proie au délire. »

Mes hommes, que les charmes divins d'Antigone laissent insensibles, profèrent des injures contre les artilleurs boches. Je les interpelle à travers la mince cloison qui nous sépare :

— Tenez-vous donc tranquilles ; on dirait, ma parole, que vous voyez le feu pour la première fois.

— Vous verrez, mon lieutenant, que ces chameaux nous ficheront avant la fin une marmite sur la gueule.

C'est bien possible, après tout, mais je n'y puis rien.

« Tu pervertis même les cœurs des justes pour les entraîner à leur perte ; c'est toi qui, entre le père et le fils, as semé le trouble et la discorde. Puisé dans les regards d'une épouse charmante... » Un sifflement rapide et brutal, une détonation, une gerbe de feu, ma lampe roule à terre et s'éteint, des cris, des imprécations ; un 77 a éclaté sous nos fenêtres de toile. Je saute de mon lit pliant et cours voir les hommes : pas de mal, c'est parfait ! Le tir boche continue, il est plus long, maintenant, les coups tombent à 80 mètres de nous environ, sur l'autre rive du ruisseau... Le jour vient... Le docteur aussi l'a échappé belle : un 105 est tombé devant la baraque qui lui sert de poste de secours ; il a quelques blessés.

Nous déménageons ; notre raison sociale se transporte plus loin, au carrefour de la croix G... Je vais reconnaître notre nouveau cantonnement qui est à deux mille pas du premier environ. Je trouve là des huttes abandonnées, des gourbis informes, des commencements d'abris ; tout cela a été mal conçu, mal exécuté. Bref, tout est à refaire. Nous nous mettrons au travail, mais où camper en attendant ? Et la pluie tombe toujours. Le sol du nouveau cantonnement n'est qu'un marécage sale qu'on devine malsain. Le séjour en forêt n'est décidément pas enchanteur.

. . . .

Voici le colonel ; il est à cheval, son grand pur-sang patauge dans la boue noire. Nous échangeons nos impressions. Le patron est de fort méchante humeur, il est surtout triste : on dit qu'il est relevé de son commandement ; les gens bienveillants prétendent que c'est une mesure générale, on relève les officiers trop âgés.

Le sous-lieutenant R... arrive à son tour ; c'est un ancien sous-officier, malin et débrouillard, et je compte un peu sur sa vieille expérience pour tirer partie de ces baraques informes. Nous faisons le tour du propriétaire, et le colonel s'en va, nous laissant prendre une décision...

Voilà, nous coucherons dans les gourbis et nous mettrons tous nos hommes au travail ; ils auront à construire des logements et des abris - blindés. Nous nous partageons la besogne : R... s'occupera de la partie pratique du travail, il surveillera les hommes, fixera le temps de repos, etc. ; moi, je me charge de la partie technique, résistance des matériaux, dessins, etc.

Et maintenant, à l'œuvre : déménageons et mettons les choses en train.

Le temps ne favorise pas notre déménagement, la pluie tombe toujours et inonde tout. Les Boches tirent moins, et c'est une compensation.

La croix G...

Les Boches ne tirent plus et nous nous taisons. Seuls les bombardements avec des minens continuent. Ici comme sur l'Aisne nos tranchées sont à flanc de coteau et les Allemands tiennent les crêtes, d'où pour eux certain avantage. Nos tranchées sont donc en contre-bas, on a pu creuser des sapes dans le talus raide ; ces sapes sont solides, profondes, on y est parfaitement à l'abri des bombes et des torpilles qui pleuvent trois jours sur quatre. Nos crapouillots ripostent de leur mieux et font un chahut infernal ; nous avons là, pour les commander, deux capitaines qui n'ont pas froid aux yeux : quel cran et quelle énergie ! Il faut les voir en pleine action, debout sur la tranchée, la pipe à la bouche, d'une indifférence royale, lorsque l'explosion d'une torpille les couvre de terre.

Pour aller voir ces braves camarades, c'est toute une affaire : non que notre P. C. soit loin de la tranchée, mais il faut franchir des ravins à pic et une vallée aux bords escarpés ; on patauge dans les boyaux de la forêt, on s'enlise dans les clairières, on glisse sur des roches, bref, ici la simple promenade devient de la course à pied, de l'athlétisme, Ἄριστον ὕδωρ, a dit le vieux Pindare. Que ce soit une chose excellente que la sueur sous le ciel lumineux de l'Hellade, je n'en doute point ; mais ici...

. . . .

Notre déménagement est terminé, il ne pleut plus. Nous commençons aujourd'hui la construction de nos cagnas. R..., qui en est l'architecte, déclare sans modestie qu'elles seront de véritables chefs-d'œuvre. Nous avons décidé de ne pas les creuser dans ce sol qui est une véritable éponge. Elles s'élèveront à la surface, les murs seront formés en sacs à terre, les toits en tôle cintrée. Puis nous les boiserons à l'intérieur, et un nouveau revêtement de sacs à terre contenu par des rondins les protégera : elles seront ainsi à l'abri d'un 105. Si les calibres supérieurs entrent en danse, nous trouverons un refuge dans le P. C., qui, lui, sera à l'abri d'un 210. Au travail.

A côté de nous un groupe de coloniaux pousse des travaux semblables... Les coloniaux nous gagnent de vitesse, ils en sont très fiers et oublient de dire qu'ils ont trois fois plus de monde que nous.

Le hasard mettra donc toujours des coloniaux sur notre route? Dans ce groupe, il y a un capitaine aimable et intéressant.

La tombe d'un de mes amis est ici tout près du P. C., à 2 kilomètres à peine ; je vais la voir et la photographier. Pauvre ami, si plein de vie, de force et de gaîté ! Il est tombé dans le ravin, frappé d'une balle, tandis qu'il menait ses hommes à l'assaut. Il était très jeune ; une intelligence à la fois ardente et recueillie tempérait la vigueur de sa vingt-troisième année. Je le vois encore discutant les plus âpres problèmes, éclairant d'un mot une situation obscure et, en l'évoquant, j'évoque tout un passé charmant et heureux, une douceur de vivre sans pareille, dont nous avons joui et qui ne reviendra pas. Pourquoi s'attarder à ces images riantes ? « Il n'est point de plus grande douleur que de se souvenir des jours de félicité dans la misère », écrit Dante dans son *Enfer* et nous n'avons pas le droit de nous rendre triste à plaisir. En tout temps il est sage d'éviter cette mélancolie romantique qui mène au découragement. En ce moment, fuir le cafard est un devoir.

Au retour de cette triste promenade, je salue avec respect les arbres séculaires qui ombragent la route, ces témoins muets, ce décor immuable de la tragi-comédie humaine. Comme ils sont beaux et forts, ces géants, comme j'envie leur impassibilité hautaine et la superbe de leur dédain.

. . . .

Nous avons mis la main sur un violoniste : c'est une ressource précieuse. Il joue délicieusement. Si nous pouvions trouver un pianiste et surtout un piano !!!... la fête serait complète. Que de belles choses nous entendrions !

Pour le moment, nous écoutons un aria de Bach et une romance de Beethoven, le compositeur belge (!!!) bien connu...

. . . .

Les Boches s'éveillent et nous aussi. On échange de nouveau des marmites. Dans ce sacré pays, il n'y a pas un observatoire potable. En risquant de se rompre vingt fois le cou, on se hisse, au moyen d'échelles branlantes, sur des chênes immenses et, là-haut, on ondule aux souffles du vent. L'avion est le seul moyen de réglage pratique; je fais monter l'antenne et les opérations commencent. C'est la seule distraction de la journée.

... Cette distraction devient dangereuse ; les Boches ont découvert mon antenne et, dès qu'un de nos avions commence à régler, nous recevons du 77 fusant. Un vieil usage veut qu'on se moque du 77; certes, il est loin de valoir notre 75, mais il ne mérite pas qu'on le méprise trop, c'est tout de même une douche désagréable.

Je suis en train de me faire attraper parce que les Boches ont découvert les postes. Qu'y puis-je faire? Nous répondons à notre avion avec des panneaux blancs et, dame! ils ne sont pas visibles que pour nos aviateurs.

Les cagnas avancent, mais lentement; R... est furieux, il traite les hommes de fainéants. Mon Dieu, ces braves gens ne sont pas des bourreaux de travail, mais ils ont de si belles qualités sous le feu qu'on peut bien leur pardonner un peu de paresse. On peut tout demander à nos hommes, seulement il faut savoir leur parler; R... est trop militaire, il est trop vieille armée, il lui manque d'avoir vécu dans la vie civile, d'avoir commandé à des ouvriers qui se mettent en grève pour un oui, pour un non, pour l'amour de l'art. Or nos hommes, s'ils sont très braves, n'ont pas à proprement parler l'esprit militaire; ce sont des réservistes, des territoriaux qui ne veulent pas être traités comme des jeunes gens de vingt ans. Il est vraiment déplorable d'avoir à recruter l'armée dans le civil : c'est une erreur que le colonel Ramollot signalait voici déjà bien des années.

. . . .

Les téléphonistes ont capturé des écureuils; ces petits animaux sont charmants, ils commencent à s'apprivoiser, ce seront les mascottes du régiment.

. . . .

Mon ordonnance me quitte, il est rappelé dans une usine comme ouvrier zingueur ; c'est un bien brave homme et un homme très brave ; excellent C...! Voilà vingt mois que nous guerroyons ensemble, nous sommes devenus de vieux amis et je le vois partir avec quelque mélancolie. Lui aussi, quelle que soit sa joie d'aller à l'arrière retrouver sa femme et ses enfants, a le cœur bien gros en me quittant. Il promet de m'écrire, une dernière poignée de main et nous nous séparons.

. . . .

Ma cagna est terminée, blindée, boisée, peinte en blanc et bleu pâle. J'ai acheté des petits rideaux de mousseline : ce n'est plus une cagna, c'est une cabine de bateau, mieux encore, c'est un boudoir de jolie femme. Seule la jolie femme en est absente. J'ai bien des lettres d'anciens flirts, mais ce n'est pas la même chose. Des flirts ! Les sauvages que nous sommes peuvent-ils avoir des flirts ? En vérité, les femmes charmantes qui nous écrivent encore continuent à laisser tomber sur nous les regards indulgents qu'elles daignaient nous accorder avant la guerre, mais elles ne savent pas ce que nous sommes devenus. Cette guerre fait de nous des êtres élémentaires, brutaux et grossiers. En vain lutte-t-on. Tout effort est stérile. A quoi bon ouvrir encore l'*Art d'aimer* ; au diable soient Ovide, Horace et toute la bande ! Je donnerais l'*Énéide* pour quatre belles pièces de 155 à tir rapide.

. . . .

On nous dit que l'échec de Verdun, l'offensive russe, le déclenchement de la Roumanie dont on parle toujours, bref, cet ensemble de circonstances qui lui sont défavorables, inclinent l'Allemagne vers la paix ! Oui, mais quelle paix ? L'Allemagne raconte qu'elle n'a pas voulu la guerre. Oui, maintenant qu'elle a ramassé la tape sur la Marne, sur l'Yser, devant Verdun, la douce et sentimentale Allemagne le fait au tendre agneau, assailli par des loups dévorants. C'est énorme ! mais c'est ainsi : ce sont là « choses d'Allemagne ».

. . . .

La pluie a cessé, sous les grands arbres de la noble forêt nous faisons de magnifiques siestes : l'un installe son hamac, l'autre son lit pliant. Un sous-officier m'a prêté *L'Armée nouvelle*, le livre de M. Jaurès qui fait tant de bruit. C'est un gros volume maladroitement composé qu'un style mal équilibré rend difficile à lire. Et quelle macédoine dans les idées ! C'est une végétation confuse, on dirait une forêt tropicale où il faut s'aventurer la torche et la hache à la main. La partie historique est médiocre, composée hâtivement, l'intuition y tient la première place. La partie critique est meilleure ; d'accord ici avec tous les hommes de bon sens, Jaurès a parfaitement vu et signalé des erreurs grossières. En revanche, il n'a pas compris que la guerre moderne serait industrielle et scientifique ; dans son gros livre il n'est jamais question d'artillerie, de mitrailleuses, d'outillage. Son système militaire enfin est parfaitement grotesque; la grande-duchesse de Gerolstein, la princesse des Canaries ou toute autre altesse d'opéra-bouffe en pourraient seules faire l'essai. Que cette milice convienne au général Patàquès ou au général Bombardos, je n'y contredis pas, mais c'est là son seul mérite; si M. Jaurès a voulu écrire quelques pages de haut comique il y a parfaitement réussi. Mais on pourrait demander, ce semble, à ses admirateurs pourquoi à l'heure même où leur chef demandait l'organisation des réserves (en quoi il voyait juste et faisait preuve de grand sens), les députés socialistes réclamaient à tout bout de champ la réduction des périodes d'instruction. Mettre de l'ordre dans les cervelles, voilà notre grande tâche après la guerre. Il n'est pas besoin d'être un philosophe de grande envergure pour comprendre qu'il faut être mesuré en tout... Rien de trop, répète sans cesse la sagesse antique. Il ne serait pas mauvais que nos socialistes renonçassent à puiser leur eau dans le bourbier marxien et s'allassent désaltérer aux claires fontaines de l'hellénisme.

. . . .

On parle beaucoup de l'expédition de Salonique. La tape des Dardanelles ne nous a pas suffi, il a fallu encore que nous allions à Salonique, sous prétexte de sauver l'armée serbe. Expédition ridicule, nous n'avons rien sauvé du tout. L'armée serbe s'est brusquement effondrée, a retraité par l'Albanie, et nos régiments, après une excursion désagréable, sont revenus à toute allure vers le port. On raconte que de Salonique nous agirons contre les Bulgares, c'est puéril. La base est mal choisie, il n'y a rien à faire dans les Balkans.

. . . .

Il fait beau, il fait chaud, mais les nuits sont si humides que tout pourrit dans les cagnas. Passerons-nous l'hiver ici? ce serait la misère noire.

L.,. est venu me voir, il est content de sa nouvelle situation. Il se félicite d'avoir quitté le régiment. Et moi je cherche toujours une batterie à commander. Je mendie un commandement.

. . . .

Que de bêtises à propos de l'idéalisme allemand. Nos intellectuels ont bâti une Allemagne de rêve, pacifiste, généreuse, sentimentale ; une Allemagne chantante et fleurie, patrie du professeur Moloch, la douce Germanie rêveuse de *Werther* et des *Maîtres Chanteurs*. Quelle illusion déplorable et dangereuse! Oui, oui, je sais, l'Allemagne a eu des grands hommes, et encore n'exagérons rien ; elle en a eu trois, trois qui sont de la race authentique des Titans : Leibniz, Goethe et Wagner, mais le reste !!! et chose remarquable, ils sont d'un temps où l'Allemagne n'était qu'une expression géographique, les Germains étaient asservis et avec le développement de l'Empire toute intellectualité meurt outre-Rhin, l'accord final de *Parsifal* clôt la période héroïque de l'esprit germanique. Ainsi se vérifie la parole de Nietzsche, ce

Schwobe, que la philosophie, la poésie, la *Gemüt-lichkeit* allemande étaient symboliques d'un état de dépendance, d'une faiblesse constitutive. Or chez un peuple vraiment grand tout coïncide, gloire des armes, développement intellectuel et écono-mique.

Nous partons, R... et moi, observer un tir de la tranchée-balcon ; la tranchée-balcon couronne un des bords de la vallée, les Boches sont en face. Ils tiennent le coteau déboisé qui descend vers nous. Là ils ont progressé peu à peu à la mine et à la sape, finalement ils entrent en saillant dans notre ligne de bataille. Et c'est ce saillant que nous voudrions réduire en bouleversant d'abord les ouvrages qu'ils y ont accumulés. Nos minens fusent, nos grosses bombes éclatent, une fumée jaune s'élève à gros bouillons, des détonations formidables roulent en se répercutant dans la vallée. Notre artillerie entre en jeu, le 75 prend les tranchées boches d'enfilade et y fait un joli travail. Nous sommes ici placés comme pour un cours de tir, nous réglons facilement la portée ; d'autres camarades, qui sont perchés sur les chênes près de la batterie, règlent la direction. C'est aussi la bilatérale dans toute sa beauté. La fête continue, les tranchées boches écopent ferme. C'est parfait. Malgré le soin que nous prenons de nous dissimuler, notre tranchée semble aux Boches suspecte ; ils pensent bien que c'est de là que nous réglons et les 77 rappliquent. Ce sont des fusants réglés à bonne hauteur, donc désagréables. Voici quelques 105 percutants, ils sont longs et éclatent dans les bois à 100 mètres derrière nous. C'est égal, la place n'est pas bonne ; le tir terminé, nous nous défilons au pas gymnastique avec un soupir de soulagement.

. . . .

Ces journées d'août sont d'une monotonie désespérante, on ne tire plus, on ne fait rien. Un coup de téléphone : fournir pour demain à la brigade l'effectif en officiers, hommes et chevaux. Voilà qui sent le départ !...

L... est venu me voir.

— Nous montons sur la Somme, dit-il, voilà une bonne nouvelle !...

D'autres disent que nous allons en Champagne.

... Cette nuit est si chaude et si humide que je n'arrive pas à m'endormir ; je me retourne sur ma couchette comme un malade. On frappe à la porte de ma cagna.

— Entrez !

Le jet d'une lampe électrique, un planton de la brigade...

— Que désirez-vous, mon ami ?

— J'apporte un ordre de départ, mon lieutenant. Est-ce à vous qu'il faut le remettre ?

— Donnez toujours, je le transmettrai. Savez-vous où nous allons ?

— Oui, à Salonique.

En effet, nous partons pour Salonique. Ordre d'embarquer et de rejoindre à Orange l'armée d'O-

rient ; d'Orange on nous expédiera via Marseille,
Dieu sait où !...

. . . .

Le jour point. Je me lève et vais dire adieu à
ma belle forêt, un adieu peut-être éternel.

CHAPITRE V

LORRAINE

(Septembre 1916 — Novembre 1917)

La batterie du bois sans nom.

Je n'ai pas joui longtemps des charmes enchanteurs de la plus noble de nos provinces. A peine sous les murs classiques d'Orange le sourire de la beauté latine m'avait-il accueilli, que j'obtenais le commandement de la batterie, objet de mes désirs. Je suis arrivé en Lorraine par une journée de septembre fort maussade à la vérité, une automobile m'a conduit en un lieu célèbre du Grand Couronné où se trouve mon observatoire et, le même soir, je couchais au milieu des bois.

Au passage, j'ai vu des généraux, mon nouveau colonel, mon chef de groupement et mon chef de groupe; d'eux j'ai reçu un accueil charmant et chaleureux. Est-ce une erreur, une illusion fragile, ici tout le monde paraît aimable. Ce régiment jouit d'ailleurs d'une excellente réputation. Tout ce que je viens de voir en quelques heures augmente encore ma joie d'être ici, une armée bien tenue, où tout a bon aspect, les hommes et les choses ; des cantonnements propres et bien soignés, des troupes qui ont l'air en main. Pas d'isolés sur les routes ; pas d'hommes débraillés, les soldats saluent très strictement les officiers, qui leur rendent leur salut avec la même exactitude. J'ai déjeuné avec mes nouveaux camarades de la campagne et de la lourde, ils ne m'ont pas caché que mon ex-régiment passait pour manquer d'agrément ; ils m'affirment qu'ici, bien que le service soit strict, l'amabilité de tous est très grande.

Le lieutenant qui commandait la batterie par intérim me passe la consigne. Dans un village, mon bureau, chef, fourriers, etc., ce sera là mon centre administratif. Non loin de ce village, sur une crête, un observatoire blindé qui ressemble à un blockhaus de navire : là sont jour et nuit les observateurs de la batterie. D'un coup d'œil rapide je juge l'observatoire insuffisamment protégé, j'y remédierai.

Visite aux trois positions. La première, en pleine forêt, comporte 2 canons de 120 long et 3 canons de 95 sur affût de siège et place, disposition peu heureuse dont je demanderai la modification ; les abris sont en voie de construction. Le commandant de batterie est un adjudant, un Breton à la mine énergique ; on me dit de lui le plus grand bien.

Dans la seconde, qui est toujours dans la forêt à 4 kilomètres de la première, je trouve 4 canons de 90 sur affût de campagne. Près des pièces, des abris. C'est un lieutenant de l'active qui commande cette position. Nous décidons ensemble la construction d'un grand abri ; dès ce soir, à la chandelle, j'établirai le croquis.

Quatre kilomètres plus au sud-sud-ouest, dans un bois que de longues prairies séparent de la forêt, je trouve la troisième position : 4 canons de go sur affût de siège et place. Ici tout est à construire et à organiser ; les abris qui existent sont insignifiants. Cette position est commandée par un maréchal des logis réserviste, un Breton à l'air intelligent et têtu ; on devine en lui l'homme de devoir et de discipline. C'est là que j'établis mon quartier général.

Je me loge dans une hutte de bois ouverte à tous les vents et qu'il faut améliorer au plus vite, car les nuits sont froides en septembre.

Le secteur est calme, et c'est fort heureux, car en somme dans cette batterie tout est à organiser. L'ordinaire est insuffisant, les hommes sont mal logés, les abris ne sont ni assez nombreux ni assez solides. Profitant du répit que me laissent les Boches je prends le taureau par les cornes et commence à tout réformer. L'ordinaire : je mangerai comme les hommes, on m'apportera leur rata matin et soir, c'est le seul moyen de le vérifier. Le logement : ma cagna est identique à celle des hommes, j'en vois les défauts. Immédiatement je fais ramasser de l'herbe qu'on met à sécher au soleil ; avec cette herbe sèche on bouchera les interstices des planches ; près d'un ruisseau se trouve une couche

d'argile qui donne un mortier grossier, mais tenace,
on en bouchera les ouvertures. On fabrique des
cheminées ; on s'ingénie de mille manières pour
rendre les logements confortables et sains. Nous
voici ramenés au beau temps de l'enfance lorsqu'on
jouait au Robinson!!... Les travaux marchent
rondement ; les hommes sont pleins d'entrain. Ces
braves gens ne demandaient qu'à être secoués et à
être commandés ; en cours de route j'étudie leur
caractère. Il y a là des gars *de ch'Nord!* intelligents, adroits, courageux au travail : des Normands
finauds et tenaces, des Bretons disciplinés et taci-
turnes un peu portés sur la dive bouteille, des
Lorrains pleins de fougue et de courage, des Méridionaux débrouillards en diable qui chantent en
travaillant du matin au soir ; en somme, un personnel discipliné et sûr auquel on peut tout
demander et dont on peut tout attendre.

Les abris. J'ai réuni en conférence mes trois
commandants de batterie et nous avons arrêté des
types d'abri ; ces abris ne seront pas d'un modèle
uniforme, car chaque position se prête à des amé-
nagements différents ; mais tous ils seront à
l'épreuve d'un 210.

Après une série de petits calculs sur la résistance
des matériaux, je demande au génie des rondins,
des rails et des éclateurs en ciment armé ; je me
mets aussi en mesure de fabriquer du béton. Il
faut que les travaux marchent rondement, car,
l'hiver venu, la terre gelée ne se prêtera plus au

travail. Passant dans les positions, je réunis les hommes et leur explique en détail l'utilité, la nécessité absolue des travaux que j'entreprends ; ces braves gens me comprennent et commencent à éventrer le sol avec ardeur.

. . . .

Tout va bien, nos divers travaux sont bien amorcés. Le génie prévient qu'il exécute lui-même le blindage de l'observatoire. C'est un gros souci de moins.

Mon logement s'est grandement amélioré. Les murs de la cagna sont maintenant renforcés et rendus imperméables par des couches de carton bitumé ; l'intérieur est tapissé avec un papier peint d'une élégance suffisante. Les fenêtres ont des vitres et non plus de la toile huilée ; la couchette a reçu un matelas de crin végétal ; sur des tablettes, chef-d'œuvre de mon menuisier, s'alignent en rangs serrés mes livres.

. . . .

Le secteur est toujours très calme ; tandis que sous la surveillance des commandants de batterie les travaux avancent à grands pas, je visite les lignes ; un maréchal des logis, garçon d'un commerce fort agréable, m'accompagne habituellement.

Nous visitons les défenses du Grand Couronné, cette série de pitons et de plateaux aux croupes raides où s'est brisée l'offensive allemande de 1914 ; nous courons les forêts profondes qui s'étendent du Grand Couronné à la Seille. Surtout nous parcourons nos tranchées de première ligne pour en connaître les points forts et les points faibles. Nos camarades de l'infanterie nous accueillent au passage et plus d'une fois nous font les honneurs de leur popote. Nous autres artilleurs avons une tendance à vivre trop isolés. Si nous voulons que l'infanterie et l'artillerie fassent ensemble du bon travail, il faut que les officiers se connaissent; ils apprennent ainsi à s'apprécier. L'artilleur qui voit souvent son infanterie connaît bien ses besoins, sait ce qu'elle attend de lui; et l'officier d'infanterie apprend aussi quel appui réel peut lui donner son artillerie. Chacun étudie la technique de l'arme sœur, et que de gaffes on évite ainsi! Que d'officiers d'artillerie qui ignorent encore ce qu'est exactement une mitrailleuse, ce qu'on en peut attendre! Que de fantassins qui ignorent quel est le rendement exact d'un canon!

A table, entre la poire et le fromage, ou plus exactement tandis que le café fume dans nos quarts, nous causons de toutes ces choses, et des idées fausses s'évanouissent avec la fumée des pipes.

Le mois d'octobre poursuit son cours; il commence à pleuvoir, nous avons même quelques rafales de neige : hâtons nos travaux. Le ciel s'éclaircit, le baromètre remonte et la température s'adoucit.

Un nouveau progrès, une voie ferrée de 60 cen-

timètres court entre mes. trois positions et va se
raccorder à un centre de ravitaillement. On nous
a donné des wagonnets; j'ai des chevaux et nous
utilisons avec joie ce petit chemin de fer à voie
étroite : voilà le problème des transports résolu,
rude problème dans cette boueuse Lorraine.

. . . .

Ces forêts sont magnifiques, je ne me lasse pas
de les parcourir et de les admirer. Quelle belle vie
que notre vie d'hommes des bois ! Personne ne vient
jamais jusqu'à nous, nous pouvons nous croire
dans une île déserte, loin du monde, loin de nos
semblables.

Jadis, j'ai connu des charmes divins lorsque je
lisais les poètes grecs sous l'ombre argentée et
fragile des oliviers de mon pays, tandis que notre
mer latine étalait sous mes yeux la discipline classique de ses flots harmonieux.

Aujourd'hui la forêt Hercynienne me prend dans
le réseau enchanté de ses augustes prestiges.

Le troisième hivernage.

Novembre ! Je rentre de permission; comme j'arrive au sommet du Grand Couronné, je vois s'étaler
à mes pieds une forêt dépouillée déjà de ses
feuilles. Oui, c'est là ma belle forêt ! En quelques
jours l'hiver l'a découronnée de sa parure automn-
nale. C'est l'hiver ! Proserpine a regagné le royaume

sombre, et Cérès qui se lamente nous refuse ses faveurs.

> ... Neque altæ
> Aut herbæ campo apparent, aut arbore frondes.

Non, plus d'herbe, plus de feuillage, l'hiver a revêtu son manteau de vent, de froidure et de pluie.

Nous avons encore quelques semaines qui seront sans doute convenables, il faut les utiliser en poussant les travaux. Il faut aussi se procurer des poêles ; pour une fois le génie fait des difficultés, il ne veut délivrer ses poêles qu'en décembre. L'intendance de même hésite à distribuer les effets d'hiver. J'en suis surpris parce que dans cette armée tout marche admirablement, le génie et l'intendance mieux encore que tout le reste. Il est naturellement fait droit à ma réclamation et les poêles arrivent. Nous arrivent aussi des couvertures, des toiles huilées, des effets de bonne laine, des bottes de tranchées, bref nous ne serons pas à plaindre.

L'Administration est très généreuse, et les unités mal nourries et mal vêtues sont tout simplement des unités mal commandées.

Peut-être même donne-t-on un peu trop ; un critique sévère crierait parfois au gaspillage. C'est ainsi qu'à mon avis la ration de viande est encore trop forte, les hommes la gaspillent. Ce qu'ils ne gaspillent pas c'est le vin, le bienheureux pinard.

Que ne peut-on leur donner un litre par jour. Hélas! les récoltes de vin sont trop faibles, il n'y faut pas songer.

Mon sous-officier et moi continuons à courir par monts et vaux aux heures claires de la journée : visites aux batteries, à la tranchée de première ligne, aux observatoires ; nous pataugeons dans la boue ; nous barbotons comme des canards dans les prairies inondées. Dans cette circonstance se révèle l'excellence des équipements anglais : à prix égal, bottes, vareuses, manteaux résistent jusqu'au bout et demeurent imperméables, au lieu que les vêtements et les chaussures français prennent l'eau et pourrissent rapidement. La raison en est qu'en Angleterre on a de bons ouvriers, dressés par un excellent compagnonnage, employant une matière première de qualité parfaite, travaillant pour une aristocratie qui a le sens du confort et de la vie. Au lieu que chez nous une production anarchique travaille pour des enrichis de la veille qui ont appris la vie dans un ghetto de Kitchineff.

. . . .

Novembre! le mois noir, comme disent les Bretons; la nuit vient vite, et les après-midi presque toujours pluvieux la font tomber plus promptement encore. Il pleut! Que faire, s'enfermer dans sa cabane de planches et laisser passer les heures? Oui, mais faudrait-il encore ne pas s'abrutir. Je cause avec mes sous-officiers, tâchant de les intéresser à mille choses, je fais venir des livres que je

leur prête et qu'ils passent ensuite aux hommes.
Nous jouons aux dames et aux échecs. Un des
commandants de batterie, le maréchal des logis L...,
un Breton à l'esprit net et froid, s'intéresse à l'astronomie et je lui en fais un cours élémentaire,
une astronomie populaire à l'usage des robinsons
que nous sommes. Le maréchal des logis D... veut
préparer Fontainebleau, il a une culture littéraire
assez développée, mais pas de connaissances scien-
tifiques : j'entreprends de lui faire revoir les mathématiques élémentaires ; s'il mord à la chose, nous
ferons un peu d'algèbre supérieure et nous pous-
serons une petite pointe dans les spéciales.

Puis je réunis tout mon monde, les commandants de batteries, le chef des observateurs, les
sous-officiers les plus intelligents, et nous revoyons
ensemble le règlement, ce fameux chapitre sur le
réglage du tir, que tout le monde doit connaître et
que tant de gens ignorent.

Malgré tout il y a des heures vides, il faut à tout
prix les combler : j'entreprends de traduire les *Géorgiques,* qui à mon avis ont été jusqu'ici mal com-
prises et mal interprétées. Il s'agirait de faire une
œuvre artistique, de suivre les contours du poème
en restant dans les justes limites de la correction et
de restituer en notre langue les mouvements et les
images du texte latin. Publierai-je jamais ce travail que je viens d'entreprendre? Peu importe, il
me cause de la joie et c'est l'essentiel. « La joie
et l'amour sont les ailes vers les grandes actions »,

disait le grand Goethe, et les grandes actions à accomplir ne manquent pas. Grâce à Virgile, je me garde de la barbarie et de l'abrutissement, mon âme d'agriculteur tressaille à la lecture de ces pages généreuses. Lorsqu'il fait clair, je lève les yeux vers le ciel criblé d'étoiles : « O resplendissantes lumières du monde » et je me crois bien loin d'ici.

. . . .

Depuis quelques jours le secteur s'anime. A la moindre éclaircie les Boches tiraillent à droite et à gauche ; il est visible qu'ils règlent sur des buts auxiliaires, puis lorsqu'ils le voudront, avec un simple transport de tir, ils nous taperont sur la figure. C'est la bonne méthode. Je m'empresse de dire que cette méthode, chez nous, les artilleurs à pied ne l'avaient jamais perdue de vue. L'introduction du 75 et les erreurs qui en furent la conséquence ont pu obscurcir pour un temps les saines doctrines du tir, mais aujourd'hui ces nuées sont dissipées et lorsque les artilleurs allemands bougent ils trouvent à qui parler.

. . . .

Ces Boches sont odieux : ce soir, comme je faisais un lever topographique, non seulement si je ne m'étais pas vautré dans la boue un de leurs 105 me mettait en bouillie, mais ils ont manqué casser mon théodolite, un instrument précieux, car il tourne rond, ce qu'on ne peut pas dire de tous ses collègues.

Je viens d'envoyer une sérieuse distribution aux batteries de 105.

. . . .

Les choses se gâtent : une de mes batteries est sérieusement marmitée, elle reçoit du 105 et du 150; comme elle a déjà reçu, voici quelque temps, du 210, il faut s'en défier. La batterie écope presque tous les jours. Elle ne se laisse pas faire ; sous les ordres de son chef, le lieutenant N..., elle tient le coup et riposte dur. Ces braves gens font plaisir à voir sous le feu; les marmites arrivent dans la batterie, et bien placées, ma foi ; eux ripostent tranquillement avec un calme et un sang-froid imperturbables ; un de leurs canons a éclaté, ils s'en moquent. Que ne ferait-on pas avec un personnel aussi dévoué et aussi brave !

Le chef de groupe vient souvent nous voir; il commande neuf batteries et passe son temps sur les routes; c'est un esprit charmant, cultivé et fin, un homme qui connaît bien son affaire et commande son groupe avec une autorité soutenue que tempèrent une bonne grâce et une bienveillance qui ne se démentent jamais. Il prodigue ses félicitations et ses encouragements à mes hommes qui en sont ravis; sous une écorce un peu rude ces braves cachent une sensibilité profonde.

. . . .

Décembre! Le mois très noir. Les Boches ne tirent plus, il y a eu quelques actions d'infanterie qui n'ont pris aucun développement. Nous voilà tranquilles jusqu'au printemps. Il commence à faire froid, mais, en somme, le temps est encore maniable, comme disent les marins ; j'en profite pour aller d'un temps de galop serrer la main d'un de mes amis automobiliste à 4 kilomètres d'ici.

Ce bon J. L... Voilà bien des mois que nous ne nous étions pas vus. En grillant des cigarettes nous causons du passé et du présent. Du passé ! de cette vie pleine d'agréments que nous menions l'un et l'autre, des bonnes heures passées à patiner, à monter à cheval. Où sont nos camarades de sport ? Dispersés aux quatre coins du front, et combien déjà ne sont plus !

Puis nous parlons du présent, de cette interminable guerre. J. L... a passé plusieurs semaines à Verdun ; avec un peu de chance nous aurions pu nous y rencontrer. Maintenant il va partir pour la Champagne : nous reverrons-nous jamais ? Il croit fermement que la guerre finira en 1917, moi pas ; 1918 ou 1919 : mes pronostics l'épouvantent ; guerre d'usure, cependant. Au plus tenace, la victoire. Cuirassons nos cœurs d'un triple airain, et en avant, jusqu'au bout !

. . . .

Le front reçoit de singuliers soldats, de pauvres diables sans un souffle de santé, qui tiennent debout par un miracle d'équilibre et qu'un simple *swing* enverrait *ad patres*. N'y a-t-il donc plus d'officiers et d'hommes vigoureux à l'arrière ? Que si, mais on ne les lâche pas ou, du moins, ils ne lâchent pas leurs postes.

. . . .

Voici venir l'hiver... Les premières neiges couvrent les prairies et argentent les arbres du bois. Leur vaste tapis blanc, uniformément disposé, confond bientôt dans une même blancheur le mont qui porte l'observatoire, les batteries et les longues lisières de la forêt. Tout se métamorphose, sous nos regards naît un pays nouveau empreint d'une tristesse grandiose. Les détails disparaissent, la neige ne laisse plus au paysage que ses grandes lignes qui s'estompent dans une brume perpétuelle. Plus de sol aux couleurs variées, mais un tapis éblouissant. Plus de forêts, plus de hêtres, de chênes et de bouleaux, mais un fouillis de silhouettes grimaçantes poudrées par les frimas. Bien qu'il ne fasse pas encore très froid j'exige que mes hommes revêtent leurs habits d'hiver. Les poêles sont installés et brûlent jour et nuit; heureusement, le bois mort ne manque pas dans la forêt et j'en ai fait serrer en temps utile d'énormes provisions.

Les nuits sont claires et splendides, le ciel noir est criblé d'étoiles qui se prêtent merveilleusement aux observations. Je fais monter la lunette et le théodolite et profite de ce que la température est encore supportable pour donner à mes sous-officiers des notions sur le pointage astronomique.

Nous sortons avec nos instruments, nous faisons rapidement nos observations, car tout de même la chaleur n'est pas excessive sous les grands arbres, puis on rentre, on s'assied près du poêle qui fume, et en avant les tables astronomiques et la table de logarithmes.

La Noël ! Pour la troisième fois elle nous trouve loin des nôtres, perdus au fond des bois. Ce matin, nous avons essayé d'aller entendre une messe à quelques kilomètres d'ici ; le vent soufflait en tempête, nous avons fait demi-tour, à moitié aveuglés par les rafales de neige. Chacun s'est calfeutré dans sa cagna ; on écrit, tout notre petit monde écrit de longues lettres sur du papier douteux.

Le premier janvier ! Ce matin, à mon lever, j'ai trouvé des délégations des batteries rassemblées devant ma cagna. Ces bonnes gens venaient me porter leurs vœux ; ils reçoivent les miens qu'ils devinent sincères. Puis des souhaits sont échangés entre les membres de notre colonie ; notre santé, grâce au ciel, est excellente, le feu des Boches nous a été assez clément jusqu'ici, enfin une union étroite n'a jamais cessé de régner entre nous. Nous ressemblons moins à une batterie qu'à une vaste famille. Certes, la discipline est très stricte, j'y tiens la main, mais, une fois le service terminé, j'aime à voir les officiers et les sous-officiers causer avec les hommes en camarades, échanger avec eux des pensées en fumant une pipe autour des poêles.

Aujourd'hui, premier janvier, dans une petite causerie intime j'ai montré à mes hommes que l'effondrement de la Roumanie, quoique regret-

table, était un simple incident dans le vaste drame
qui se joue : j'ai remonté leur moral un peu atteint
par la lecture de nos stupides journaux.

Le soir, banquet, c'est le mot : le cuisinier s'est
surpassé ; au dessert, un punch gigantesque flambe
sur la table au milieu des quarts, et tout le monde
trinque à la victoire.

Les grands froids.

J'ai abandonné ma batterie pendant douze jours
pour aller suivre un cours de tir dans une petite
ville à 3o kilomètres d'ici ; voyage pénible par un
temps de chien. Très intéressant, ce cours de tir
supérieurement professé par le commandant G/..,
notre chef de groupement. Nous avons revu notre
règlement et fait de saisissantes applications, mais
quel froid ! Rester les pieds dans la neige, la
jumelle aux yeux par une température qui varie
entre — 8° et — 12° n'est pas recommandé aux gens
qui ont une santé délicate.

Au retour, tempête de neige, un vent détestable,
des tourbillons blancs qui aveuglent.

Pendant mon absence, une de mes batteries a été
sérieusement marmitée et assez éprouvée ; de plus,
l'adjudant qui la commande a commis une légère
faute de service. Je fais un rapport pour atténuer
les choses, car cet adjudant est un sous-officier
d'élite, évadé de Maubeuge ; il a eu une petite dis-

traction très excusable et qu'ici tout le monde excuse ; le colonel, le général, qui connaissent et estiment cet excellent serviteur, parlent en riant de cette faute légère qui ne mérite pas deux jours de consigne. Mais plus haut et plus loin il n'en est pas ainsi. Je ne sais plus quel bureaucrate fulmine du haut de son rond de cuir. Ah ! les embusqués ne sont pas tendres pour les combattants. Oublions ces misères.

Le froid devient de plus en plus vif. Jusqu'à ces derniers jours, le temps est resté sec et calme. Mais voici que le vent saute au nord, et le froid augmente rapidement : dans la journée nous avons — 17°, dans la nuit — 22° et même — 29°. La bise passe en sifflant dans les arbres_comme une volée de mitraille. Dans les cantonnements des environs, on signale quelques accidents et je recommande aux hommes d'être prudents.

Les poêles sont bourrés de combustible, mais malgré toutes nos précautions nos cagnas se refroidissent très vite, tant le rayonnement est intense. Le matin, lorsque je saute de ma couchette, il n'est pas rare que le thermomètre marque — 9°. Je recommande aux hommes de ne pas rester immobiles près des poêles où ils s'engourdissent dans une torpeur malsaine. Je m'ingénie à leur trouver des occupations. Les sangliers et les renards infestent les bois ; les premiers détruisent les lignes téléphoniques, les seconds menacent nos lapins. J'organise des battues. Mon Dieu, je sais bien que la chasse est interdite, mais il s'agit ici de détruire des animaux malfaisants… Nous avons aussi tué quelques lièvres, j'en ai envoyé un au commandant R…, mon supérieur au point de vue tactique, en lui signalant que ce rongeur détruisait mes fils téléphoniques ; le commandant R…, qui est un homme de devoir, l'a mangé par esprit de vengeance. Il y a aussi beaucoup de ramiers, on en tue quelques-uns à l'affût.

D… est parti pour Fontainebleau ; il a bien travaillé et sortira certainement dans un bon rang ; il a vite mordu aux mathématiques et je suis surpris de la rapidité de ses progrès. A vrai dire, il en avait fait autrefois. C'est un esprit net et clair, doué de beaucoup d'intelligence et de bon sens, mais, en bon Méridional, il parlerait volontiers politique : c'est un petit travers fâcheux qu'il est en train de corriger. Je le vois partir avec peine. Adieu, nos bonnes causeries !

Le maréchal des logis D… vient faire un stage dans ma batterie ; c'est un riche industriel de Marseille, intelligent et lettré, très homme du monde ; ayant beaucoup voyagé et pas mal observé, il connaît bien la vie et les hommes ; ironique, caustique, on ne s'ennuie pas avec lui.

D… a mangé de la vache enragée au début de la campagne. Simple brigadier téléphoniste, il en a vu de dures dans un des secteurs les plus mouvementés du front. Sous le feu il est d'un courage et d'un calme imperturbables. Il vient de m'en donner la preuve.

Nous étions partis tous deux reconnaître un observatoire. J'avise un arbre et, malgré le verglas, parviens à en gagner la cime ; de là je voyais bien la tranchée boche distante de 1.200 mètres environ. D... était resté non loin de l'arbre dans une sorte de tranchée à l'abri du vent. Si je voyais bien les Boches, la réciproque était vraie, et voilà que je reçois du 77 fusant court d'abord, puis à bonne portée. Que faire ? descendre ? Je n'en avais pas le temps. Je restai donc à ma place, espérant découvrir la batterie qui était en action pour retirer au moins ce bénéfice de ma situation plutôt fâcheuse. Je criai à D... de s'abriter dans la tranchée tandis que j'observerais la ligne ennemie. Les 77 arrivaient toujours, mais voilà D... qui, loin de s'abriter, se dirige vers l'arbre et se met en devoir de l'escalader ; un fusant arrive à sa hauteur, il ne reçoit rien parce qu'il a de la veine, et le voilà qui s'installe flegmatiquement auprès de moi, sort sa jumelle et se met à observer. Lorsque les Boches ont eu assez de tirer à la cible, ils nous ont laissés tranquilles. De la position voisine nos camarades nous voyaient et, pendant quelques jours, notre mésaventure a fait la joie du secteur. . . . .

Quel froid terrible ! — 23° ce matin et les poêles tirent mal. Nous avons épuisé notre bois sec, et le bois vert donne plus de fumée que de chaleur. Si le soleil voulait se montrer ! Mais une brume hermétique couvre les bois et nous enveloppe dans son manteau glacé. La situation est désastreuse.

Vers midi, la brume se dissipe un peu, le soleil se montre, nous le saluons avec des cris de joie.

— Je comprends qu'il y ait des gens qui adorent le soleil, dit D... près de moi.

. . . .

Voilà plus de dix semaines que nous sommes sous la neige ; la croûte glacée qui couvre le sol a acquis la dureté du métal ; lorsque le soleil joue sur la plaine blanche on en est tout éboui ; ma parole, c'est une expédition polaire que nous faisons.

Nous vivons comme les Scythes du doux Virgile, et à la différence qu'une administration sage nous distribue parcimonieusement la liqueur fermentée. On pourrait dire de nous :

> Ipsi in delossis specubus secura sub alta
> Otia agunt terra, congestaque robora totasque
> Advolvere focis ulmos ignique dedere.
> Hic noctem ludo ducunt, et pocula læti
> Fermento atque acidis imitantur vitea sorbis.

Ce froid de canard est favorable à mon travail : la traduction des *Géorgiques* avance à grands pas.

N... est allé à Nancy : il en rapporte des tuyaux complémentaires et rétrospectifs sur la débâcle roumaine. Si la chose n'était pas aussi triste, quelles belles notes comiques on y trouverait. La Roumanie déclare la guerre et entre brusquement en Transylvanie. Aussitôt les critiques, les experts militaires qui nous dispensent dans la presse leurs

savants commentaires, d'accorder leur lyre pour
chanter sur un rythme large et vainqueur les bien-
faits de la manœuvre, de la guerre de mouvements
et de l'offensive (qui donne seule la victoire, selon
la formule). Ils voient grand, nos critiques, et les
voilà qui nous annoncent que les Russo-Roumains
vont faire une attaque combinée avec l'armée
Sarrail : la Serbie sera reconquise, la vallée du
Danube envahie, Budapest prise, bref, les armées
victorieuses pousseront peut-être jusqu'à Stockholm
en passant la Baltique à la nage... Car rien n'arrête nos critiques, ni les montagnes à franchir, ni
les vallées à remonter, ni les fleuves à traverser ;
les accidents topographiques ne comptent pas pour
eux ; c'est bien simple, ils ne travaillent que sur la
carte. Lorsque l'armée Sarrail entre à Monastir,
c'est du délire. « Elle tient solidement Monastir. »
Je crois bien, elle y a même si bien pris racine
qu'elle n'en a plus bougé.

Aux accents des mêmes lyres, les Roumains
continuent à progresser en Transylvanie, et cela
d'autant plus facilement qu'ils n'ont personne
devant eux, jusqu'au jour où ils tombent sur le
bec de gaz de la contre-attaque autrichienne.
Entre temps, les Germano-Bulgares entrant en
Dobroudja, nos critiques passent de l'*allegro
vivace* à l'*andante*.

Toutefois, les Roumains esquissent un passage
du Danube, et nos critiques de recélébrer les bien-
faits de la manœuvre et de l'offensive. Hélas ! arrive

la débâcle générale, et les lyres ne chantent plus qu'en des tons mineurs, et quel triste *lamento !*

Un seul espoir reste à nos critiques, c'est que l'armée roumaine ne sera pas enveloppée ; en fait, elle parvient à se dégager en filant à toute allure, et nos critiques sont satisfaits.

A cette époque, je demandais souvent à D... :

— Que feriez-vous si vous étiez à Budapest ?

Et lui de me répondre :

— Je demanderais un billet pour Jassy avec correspondance pour Odessa.

C'est un sage.

Il y a des enseignements à tirer de cette lamentable campagne. Mackensen avait peu d'infanterie et un gros matériel de guerre ; en somme, il n'employait guère son infanterie que comme soutien d'artillerie : c'est intéressant.

Il fait encore très froid ; certaines soirées sont terribles ; malgré les vêtements de laine on grelotte et des flèches vibrantes nous percent jusqu'aux os. Cependant le vent est tombé, et pendant les heures ensoleillées de la journée il est délicieux de courir sur la neige. Jadis, aux temps fortunés de la paix, j'allais en hiver faire du sport dans la montagne ; aujourd'hui ce sport m'est offert gratuitement, le champ de ski est à ma porte et je me plains ! L'homme est un étrange animal.

Le thermomètre vient de remonter brusquement ; aujourd'hui à midi, + 4° : pour des hiverneurs comme nous, c'est une température de

printemps. Tout le monde est dehors et se pro-
mène au soleil; on dirait une bande de captifs
rendus soudain à la liberté. Les hommes font un
splendide bonhomme de neige, on lui met une
pipe à la bouche...

Voici le dégel; par place la neige fond là où le
soleil la baigne de ses rayons; que de beaux bour-
biers en perspective... Aujourd'hui, visite du colonel; malgré l'état horrible des chemins il a pu
venir jusqu'à nous. Il est enchanté de trouver les
hommes en bonne santé et de belle humeur, il les
félicite chaudement à plusieurs reprises de leur
bon esprit et de leur discipline...

Je pars en permission...

J'ai eu la fantaisie de visiter Marseille, que je
ne connaissais à vrai dire pas. J'y passe ma permission. Quelle vie et quel mouvement dans cet
immense caravansérail, point de fusion de toutes
les races ! Il fait un temps délicieux, la mer bleue
vient doucement se briser le long de la Corniche;
l'air léger et tiède me ranime; il est doux de passer
ici quelques heures, lorsqu'on a vécu pendant
des mois dans une forêt neigeuse en ces sombres
marches de l'Est, aux frontières de la barbarie.

Les bombardements printaniers.

Le soleil qui se jouait sur notre adorable mer
latine ne m'a pas suivi jusqu'ici. A mon retour, je

trouve la neige, le vent, le froid. L'hiver mène contre nous une nouvelle offensive moins vive que la première, mais plus ennuyeuse peut-être. Le froid est moins intense, la neige ne tient pas, mais une pluie glacée ne cesse de tomber; on ne peut sortir sans barboter dans l'eau et la boue. Doux pays !

Le froid est moins vif.

Les travaux ont repris. Je fais construire de nouveaux abris. Une de mes batteries change de place : elle occupe une nouvelle position qui comporte pour tout potage une bonne sape bien commencée, mais qu'il faut terminer. Me voilà transformé en ingénieur des mines. Lorsqu'on peut creuser les abris en sape, c'est parfait. Ici, je descendrai facilement jusqu'à 11 et 15 mètres; pratiquement mes hommes seront à l'abri de tout bombardement.

Notre chef de groupe vient me voir souvent. Ses visites me font toujours plaisir, on ne peut rencontrer un chef plus agréable. Ingénieur de valeur dans la vie civile, il sait commander et se fait obéir sans brusquerie et sans à-coup. Personne ne connaît le secteur mieux que lui; aussi nos grands chefs se reposent sur sa grande expérience pour tout ce qui touche à l'organisation tactique de ce coin de front. Notre travail terminé, nous buvons une bonne bouteille en grillant nos bottes devant le poêle.

On commence à parler vaguement d'une grande

offensive en liaison avec les Anglais. On chuchote même que nous attaquerons sur l'Aisne. La chose me surprend. J'ai passé de longs mois dans ce secteur, et le massif du Laonnais me paraît inexpugnable ; on y fera sans doute une fausse attaque et le véritable coup de collier sera donné ailleurs. Le nouveau généralissime ne jouit pas d'un très grand prestige ; en somme, l'armée, dans son ensemble, regrette le départ du père Joffre. Qui vivra verra.

. . . .

Les premières chaleurs du printemps commencent à faire sentir leur influence. Quand il ne pleut pas, les journées sont charmantes et les nuits sont beaucoup moins froides. Sur les arbres, les premiers bourgeons commencent à s'ouvrir. Ces manifestations de la nature, à demi éveillée après la longue nuit d'hiver, plaisent à nos regards. C'est en ces lieux qu'il faut voir sourire le printemps pour connaître ses prestiges, et je sens, je comprends l'enthousiasme des maîtres germains aux premiers éveils des arbres et des fleurs. Les poètes de la Germanie chantante et fleurie sont bien loin maintenant, mais ce printemps a réveillé et fait sortir de leur tanière les artilleurs boches. Ils engagent avec mes batteries de violents duels. Nous recevons du 105, du 150 et du 210. Pour riposter, nous n'avons que du 90 et du 95. Cependant, comme les batteries sont bien abritées et que nous ne tirons pas trop mal, nous tenons le coup, non sans casse toutefois.

A l'arrière, on se figure que nous sommes de sombres brutes, que la mort de nos camarades nous laisse d'une insensibilité parfaite. Extérieurement, rien ne doit trahir notre émotion ; qui donc demeurerait calme dans une batterie marmitée si l'officier qui la commande ne conservait pas tout son sang-froid et sa lucidité ? Mais, à chaque fois qu'un de mes hommes est atteint, si on pouvait lire au plus profond de mon cœur, on y verrait que l'impassibilité dont il me plaît de ne pas me départir est toute de commande... Hier j'ai pu, d'un temps de galop, aller jusqu'à l'ambulance. Un éclat dans le ventre, un de mes hommes y agonisait. Tandis que sa main se crispait dans les miennes, il me répétait :

— Mon capitaine, je ne regrette rien... je ne regrette rien...

Nous ne ressemblons en rien aux héros raisonneurs de M. Barbusse. Ici, on meurt très simplement...

Ce brave camarade repose dans notre petit cimetière contre l'église du village aux murs fleuris. La tranchée ennemie non loin d'ici trace son profil sombre. Lorsque le temps est clair, on distingue à quelque 20 kilomètres les églises de Metz...

Il vient de nous arriver des Sénégalais sous la conduite d'un brigadier indigène. Je crains que la saison ne soit encore bien froide pour ces pauvres gens. N'ayant jamais eu aucun rapport avec des troupes noires, je suis un peu hésitant et ne sais trop comment il faut prendre ces bons créoles (c'est le nom qu'on leur donne). Heureusement, un de mes sous-officiers, le maréchal des logis B..., qui a vécu au Sénégal, vient à mon aide. Un type débrouillard s'il en fut, ce B..., et auquel il est arrivé au cours d'une vie mouvementée toutes sortes d'aventures et de mésaventures. Une, parmi tant d'autres, mérite d'être contée. B... était au service d'une compagnie minière et faisait pour elle des études dans le Sud Algérien, lorsque des Arabes s'emparent de lui et entreprennent de le convertir à l'islamisme. B... sait parfaitement l'arabe et ne comprend que trop le dilemme : devenir musulman ou avoir le cou tranché. Il répond sans hésitation :

— Apportez-moi le Coran.

Il lit dans le livre sacré ce qu'il y doit lire, revêt un burnous et accomplit tous les exercices de gymnastique suédoise qu'on exige de lui. Au marabout qui lui dit que sa conversion doit être sincère, « du fond du cœur et non du bout des lèvres », il répond en protestant de la pureté de ses intentions et se montre si zélé que personne ne doute qu'Allah a ouvert les yeux à cet homme qui n'était point un infidèle, mais simplement un égaré. Peut-être même le trouve-t-on un peu fanatique, mais généralement les néophytes sont tels. Inutile de dire qu'on ne surveillait plus notre homme et lorsque, au bout de trois jours il disparut, les bons esprits pensèrent qu'il était parti en pèlerinage pour La Mecque. On se trompait. L'excellent B... revint, mais à la tête d'un détachement de spahis qui coffrèrent le saint marabout et ses ouailles.

Un de nos amis, le pieux L..., objectait à B... que sa conduite n'avait peut-être pas été très chrétienne et qu'en évitant le martyre il avait manqué une belle occasion d'entrer au Paradis sans stationner au Purgatoire. B... répondait en arguant de son ignorance au sujet des avantages réservés à quiconque reçoit la palme du martyre...

Les bombardements continuent. Une de mes batteries surtout est souvent prise à partie : les Boches la bouleversent à plaisir. Quelle misère !...

. . . .

Les deux infanteries restent calmes, mais le feu d'artillerie est toujours vif. Ce matin, je pars pour la tranchée ; il faut absolument que je repère une batterie de 77 qui est très près des lignes et nous ennuie. Le boyau est dans un état lamentable : de l'eau jusqu'aux genoux. Décidément, mieux vaut franchir 100 mètres à découvert. D'un grand élan, je pars en courant ; me voici à la tranchée... Une détonation formidable, un jet de flammes et de fumée m'aveugle, de la terre entre dans ma bouche et dans mon nez, tandis que je roule sur le sol... Deux soldats me soutiennent et me conduisent au poste de secours. J'ai la tête lourde. Un docteur m'examine et me panse. Je m'en tire à bon compte : des blessures légères à la main et aux côtés. Un 105 a éclaté à 3 mètres devant moi.

Les hommes qui sont venus à mon secours disent

que décidément j'ai de la chance... Me voici à ma batterie. Je pousse des hurlements à l'idée d'être évacué. Je puis très bien me retaper ici... Tout le monde est charmant pour moi. On m'assassine de coups de téléphone.

. . . .

Quel spectacle fantastique que nos tirs de nuit! Nos coups de canon illuminent les arbres.

Brusquement éclairés, les hommes se détachent en noir sur le fond rouge et ressemblent à des diables de féerie. A chacun de ces tirs les Boches nous arrosent ferme. Leurs 150 arrivent, défoncent la terre à grands coups brutaux, brisent les arbres. Au petit jour, la batterie ainsi retournée est méconnaissable. On se remet au travail et le lendemain tout a repris un aspect normal.

. . . .

Les batteries boches tirent toujours et nous les contrebattons. Il est heureux que nous ayons construit de bons abris, car tous les jours nous recevons des marmites. Grâce à nos précautions minutieuses, nous évitons les accidents trop fréquents. En somme, tout va bien. Ce qui va moins bien, c'est le moral des hommes. Notre grande offensive sur l'Aisne a échoué et des bruits fantastiques courent. Nos poilus reçoivent des lettres qui leur donnent le cafard. On y raconte que sur le front certains régiments murmurent, qu'à l'arrière les émeutes et les grèves se multiplient, que les Russes vont faire la paix, etc. Les journaux contribuent à augmenter le marasme : les uns font sciemment ou inconsciemment le jeu de l'ennemi ; les autres, par leurs explications maladroites et leurs mensonges, augmentent le gâchis. Qui dira jamais le mal que nous a fait la presse par ses mensonges systématiques et grossiers ! La défiance vis-à-vis des journaux est devenue telle qu'un jour où j'expliquais aux hommes l'importance de la chute de Bagdad, un d'eux me dit :

— Croyez-vous, mon capitaine, que ce ne sont pas encore des menteries ?

Que de bêtises écrites au moment du recul d'Hindenburg. Hindenburg reculait parce qu'il ne pouvait pas tenir là où il était : vérité de M. de La Palice. Un recul comme le sien est un aveu de faiblesse. Nos journaux s'y prirent si bien qu'ils transformèrent cette évacuation stratégique en opération triomphale.

Nous avons manqué notre offensive de l'Aisne pour des raisons que j'ignore. Après ? Les États-Unis aidant, ne sommes-nous pas certains de la victoire ? Alors que signifie cette vague de cafard ? Quelle est l'organisation criminelle qui la propage ? Oui, je sais bien, on n'a pas assez fait pour le combattant. Il faut améliorer le régime des permissions, organiser les transports, veiller sur le confort des hommes. Il faut que nos bureaucrates descendent des hauteurs sublimes de leur rond de cuir et songent un peu à nous. Nos hommes sont admirables : ce sont les premiers soldats du monde ;

mais encore faut-il les connaître et les comprendre.
Les officiers qui vivent avec eux dans un contact
journalier et étroit peuvent tout en obtenir, mais
les autres, dame, n'en tirent pas grand'chose, et je
reconnais que nos poilus respectent assez peu les
embusqués, quel que soit le nombre de leurs galons.
Hier, un de mes camarades, capitaine à l'état-
major de l'armée, est venu me voir et, comme je lui
reprochais amicalement la rareté de ses visites, il
me confia que la paperasse continuait à tout sub-
merger : on accable ces malheureux de circulaires
inutiles et souvent contradictoires. Je voudrais
pouvoir mettre sous les yeux des gens de bon sens
ces paquets de circulaires; à quoi tout cela peut-il
bien servir? César a conquis le monde sans ma-
chine à écrire ; dans le temps où il menait ses rudes
campagnes dans les Gaules, son état-major était
un rouage bien peu compliqué : il donnait des
ordres et on les transmettait. En réalité, parmi les
embusqués, bien peu désirent venir au front; pour
justifier leurs fonctions et leur présence à l'arrière,
ils noircissent du papier, et ce papier nous étouffe ;
les Romains étouffaient leurs ennemis sous des
roses, c'était plus élégant. Un certain jour, on me
demande un compte rendu dont on a le plus grand
besoin et que je m'empresse de ne pas fournir. Le
temps passe, l'eau coule, et un coup de téléphone
furibond me réclame le compte rendu. Je réponds
sur le même ton que je l'ai fourni, que si on l'a
égaré, je m'en moque, et autres aménités de ce

genre. On me fait des excuses et il n'est plus question de ce compte rendu; ce qui me fait supposer qu'il était moins important qu'on ne me l'avait dit tout d'abord.

Oui, il faut plaindre les officiers d'état-major, car parmi eux il est bien des hommes de valeur dont on n'utilise pas les talents.

. . . .

Quel temps délicieux; « c'est le mai, mois de mai, c'est le joli mois de mai » comme chantaient nos pères. Grande distribution de croix de guerre dans ma batterie qui ne les vole pas. Je ne puis malheureusement pas la faire donner à tous ceux qui la méritent, mais enfin j'ai obtenu pas mal de récompenses et je sais que mon personnel est satisfait.

Aujourd'hui, le colonel G... vient me voir et encourager le personnel qui, en vérité, se conduit très bien sous un marmitage qui ne cesse pas. Le colonel trouve que ma place n'est pas à la batterie, mais à l'observatoire B, près du village de S...-G... Je m'y transporterai demain.

Le bain.

Cette destruction ne peut être faite qu'à une condition : savoir exactement ce qu'il y a derrière le fil de fer boche. Que faire ? Profiter d'une nuit obscure et aller voir, tâcher de voir tout au moins...

C'est la nuit. Le brave M... et moi sommes debout dans une sape, les pieds dans la boue. Nos vêtements de toile huilée craquent et grincent ; c'est désagréable. Je m'approche de M... et à voix basse :

— Es-tu prêt ?

— Oui, mon capitaine.

— Ton revolver est chargé ?

— Oui.

— Ton couteau ?

— A la ceinture.

— Au couteau d'abord, tu sais que tu ne dois faire feu qu'à la dernière extrémité.

— Oui, mon capitaine, soyez tranquille.

C'est élémentaire, un coup de revolver dans cette nuit silencieuse, nous sommes trahis et pincés ; au lieu que, en cas de mauvaise rencontre, le couteau vous permet d'expédier promptement et en silence un gêneur.

Je m'assure encore que mon revolver sort facilement de son étui et que la large lame de mon couteau joue librement dans sa gaine.

— En avant !...

Demi-courbés, nous franchissons la chicane. Il fait noir comme dans un four, la boue est profonde. Un regard sur la boussole lumineuse que ma main abrite, je prends un angle d'orientation et nous partons. M... marche dans mes pas.

D'un mouvement insensible nous avançons. Les officiers d'infanterie sont rompus à cette besogne délicate et périlleuse ; quant à nous, nous sommes un peu comme les novices, je m'en rends compte, mais qu'y faire ?...

Maintenant il faut ramper ; ramper dans cette boue gluante qui poisse et qui colle, quel métier !...

Je ne vois rien, j'ai beau écarquiller les yeux ; moins heureux que le dindon de la fable, je ne distingue rien. En avant toujours !...

J'ai perdu mon orientation. Que faire ?

Un grésillement, un pétillement, une lueur rougeâtre troue la nuit, puis c'est une immense clarté qui nous aveugle.

— Planque-toi, une fusée.

Nous nous couchons. De l'ombre noire surgissent les fils de fer étincelants. Vision de féerie. Le claquement sec d'une mitrailleuse nous ramène à la réalité des choses.

— Suis-moi, suis-moi...

Et nous voilà dans un trou de marmite, couchés dans l'eau. La mitrailleuse tire encore, elle nous cherche. M... claque des dents. Malgré la gravité de notre situation, je suis pris d'un accès de fou rire en me souvenant que cet excellent M... a toujours refusé d'aller prendre une douche :

— J'ai quarante ans, mon capitaine, je n'ai jamais pris de bain et ce n'est pas aujourd'hui que je commencerai ; je ne veux pas être malade.

Il prend aujourd'hui un tub prolongé.

Des grenades maintenant. Quelles vaches, ces Boches ! Ils lancent des grenades comme des idiots, ils ne voient pas où nous sommes. Mais si une de leurs patrouilles sort, nous sommes jolis; charmante soirée !

Une deuxième fusée. Les braves gens ! Sans ce feu d'artifice nous ne retrouverions jamais notre route...

Silence et obscurité. Nous retournons sur nos pas avec une sage lenteur... Quel soupir de soulagement en retrouvant les nôtres. C'est égal, j'ai fait chou blanc.

. . . .

— En somme, la vie au front n'est pas aussi dure que nous le croyons, et votre permission terminée, vous repartez presque avec joie.

Et cette adorable amie se balance dans son rocking-chair avec la grâce la plus charmante du monde. Je souris :

— Mais oui, Madame, mais oui, c'est très exagéré.

Je baise la main qu'elle me tend et m'en retourne vers les joies du front.

L'observatoire B.

Cet observatoire ressemble à un blockhaus de navire. Il est au sommet de la crête dans laquelle il a été creusé. Une longue visière s'ouvre sur la campagne que l'on voit là-bas en contre-bas; les forêts, les fermes, les prairies, les chemins semblent un paysage lilliputien. A gauche, à quelque vingt kilomètres, voici Metz dominée par le Saint-Quentin : le champ de Frescaty, le hangar à zeppelins, la cathédrale, l'église Sainte-Marie ; les jours de grand soleil, on distingue l'horloge de la gare, et sur les toits le pavillon de la Croix-Rouge ; plus à droite, le château de Mercy-lès-Metz se détache en blanc et le fort Wagner étale ses taches sombres ; vers la droite se déroule l'immense paysage jusqu'à la crête de Delme sillonnée de tranchées. Dans cet observatoire, nous avons des instruments excellents : plusieurs lunettes binoculaires, des triangles de visée, des baromètres et des boussoles ; au mur, des jeux de plans directeurs striés de quadrillages rouges ; plusieurs appareils téléphoniques à portée de la main.

L'observatoire est relativement peu blindé, cependant nous y sommes à l'abri d'un 150 ; à quelques mètres en arrière se trouvent des chambres de bombardement très utiles ; enfin des sapes blindées s'enfoncent sous le sol. Ici, nous pouvons tenir contre tous les bombardements de la terre ; les explosifs les plus puissants, les obus à gaz les plus toxiques ne peuvent rien contre nous ; on pourrait nous prendre par la famine, encore aurions-nous la ressource de mettre à la broche l'adjudant du génie qui est gros et gras et doit avoir les cuisses florissantes d'homérique mémoire.

Ma batterie entretient là une équipe d'observateurs de tout premier ordre. Connaissant admirablement le secteur, attentifs au moindre coup de

canon, habiles à repérer une batterie ennemie au
son, à la fumée ou à la lueur, ces braves gens sont
de précieux auxiliaires pour le commandement.
Leur chef, le maréchal des logis B..., est un observateur de tout premier ordre, rompu à toutes les
difficultés de son métier délicat et bien digne de
commander à ces hommes d'élite.

On m'a fait venir ici pour que je puisse mieux
surveiller les batteries ennemies et les contrebattre
plus efficacement, et voici que depuis quelques
jours elles sont moins actives. En vérité, c'est
jouer de malheur. Dans le village, je fais la
connaissance d'un sous-lieutenant du génie, esprit
curieux et original, architecte et archéologue de
son métier. Très mystique comme beaucoup de
Lyonnais, le sous-lieutenant L. N... passe son
temps à interpréter les saintes Écritures et à en
tirer des prédictions. J'ignore quelle confiance il
faut faire à ces prédictions et si son interprétation
est toujours orthodoxe, mais en elle-même la chose
est curieuse et, comme L. N... est un esprit érudit,
on l'écoute plusieurs heures de suite sans se lasser.

Le village a été très abîmé en 1914 ; pour le
moment, il est quasi désert. Ici la bataille fit rage,
c'était une des clefs du Grand Couronné. Le village pris, la ligne de défense pouvait être débordée
et du coup Nancy tombait. On raconte qu'avec un
peu d'audace, les Allemands auraient pu occu-
per la position qu'un ordre mal compris avait fait
évacuer. Heureusement, ils ne se rendirent pas

compte de cette erreur de manœuvre qui fut d'ailleurs promptement réparée, grâce, dit-on, au dévouement et à l'initiative d'un brave prêtre lorrain, l'abbé Th..., qui vint prévenir nos troupes du danger de la situation et de la gaffe commise.

Ce qui reste de population valide dans ce hameau travaille ferme, mais la récolte s'annonce médiocre. Je fais aider de mon mieux ces bonnes gens, en même temps que, pour améliorer l'ordinaire de ma batterie, j'exploite ici trois jardins potagers. En tout, j'ai cinq jardins et suis enchanté de mon heureuse initiative qui commence à porter des fruits. C'est le mot.

Il fait un temps délicieux. La guerre aérienne bat son plein. Nos avions ont bombardé les usines de Metz et les Boches viennent bombarder les usines de la vallée de la Moselle. Chaque soir nous avons carrousel et feu d'artifice. Malheureusement les Boches nous gratifient parfois d'une bombe ou d'une salve de mitrailleuse, ce qui est moins drôle.

Les batteries ennemies se réveillent, je suppose que les artilleurs de Metz viennent faire sur nous leurs écoles à feu. C'est une supposition, voilà tout. A ce jeu ils nous tuent du monde, mais comme je riposte ferme, j'espère que la réciproque est vraie.

. . . .

L'équipe de foot-ball de S...-G... s'exerce maintenant tous les jours, elle mérite d'être encouragée. Il faut que notre armée devienne sportive, les sportifs sont nos meilleurs soldats, ils nous préparent une race vigoureuse et saine. Malheureusement, l'athlétisme tel qu'on le pratique dans l'U. S. F. S. A. n'est pas suffisamment encouragé dans l'armée; beaucoup de vieux officiers le voient encore d'un mauvais œil. « Mes hommes ne sont pas au régiment pour donner des coups de pied dans un ballon », écrivait un colonel en 1913. Sait-on que les fédérations sportives françaises recevaient avant la guerre une subvention d'environ 100.000 francs contre plus de 3 millions affectés à l'amélioration de la race chevaline? C'est égal, l'esprit sportif gagne du terrain, il faut insister sans se décourager, voilà tout.

. . . .

La vague de pessimisme semble s'atténuer. J'arrive de permission et je n'ai pas constaté à l'arrière les désordres dont on nous parlait ici ; une grande excitation seulement.

Les Boches viennent de tuer un de nos meilleurs gradés, d'un coup de 210. Les voilà qui recommencent à nous bombarder; ils tirent tous les soirs de 16 à 18 heures, puis, avec le soleil qui meurt à l'horizon, le calme descend sur le secteur. Alors le docteur et moi faisons de longues promenades en échangeant nos pensées, nous parlons peu de la guerre mais volontiers de littérature et de biologie. Nous circulons sur une route entre deux villages; la route est claire et se déroule à flanc de coteau ; les paysans qui passent nous saluent en souriant. Pauvres gens qui, depuis trois ans, vivent sous les obus dans une alerte perpétuelle ! Et que de vexations à subir ! Les vieux officiers qui commandent dans les villages ne comprennent pas ces populations lorraines ; ils les tyrannisent et les brutalisent, parfois sans s'en douter : ainsi naît et se développe l'antimilitarisme.

Voici le Boche qui se calme, le secteur devient charmant, si charmant que je vais le quitter. Un coup de téléphone m'apprend que je vais aller commander un groupe. Où irai-je ? je ne sais. C'est avec peine que je quitte cette excellente batterie ; j'avais espéré la commander longtemps encore, mais la guerre creuse des vides : il faut les combler. A ma place, beaucoup d'officiers seraient heureux de cet avancement. Je l'accepte avec mélancolie. Comme ce départ est triste ! Une dernière poignée de main à tant de bons camarades, un adieu triste et lent à la rivière, aux forêts, aux prairies, et en route sous le lourd soleil du mois d'août qui, pour la quatrième fois, me trouve en campagne.

Le P. C. de l'Arbre haut.

Me voici dans ma nouvelle formation, je commande un groupe d'artillerie lourde. Je suis un peu confus de cet avancement.

La première prise de contact est morose ; mon nouveau P. C. est une baraque Adrian fort inconfortable, dans une forêt humide et profonde. Cette baraque est mal installée et, pour tout dire, malpropre. Je la fais nettoyer et désinfecter, j'envoie acheter à la ville voisine de la peinture, du papier peint, des vitres, et immédiatement mes ouvriers se mettent à l'œuvre. J'aime les installations confortables et élégantes, et puisque je dois vivre en forêt, ce sera dans un chalet et non dans un taudis. Il y a ici des sapes magnifiques, une véritable ville souterraine où nous pourrons nous terrer en cas de gros bombardement. Les batteries sont bien. Voici quelques jours elles ont été copieusement marmitées, mais, comme les abris sont solides et ingénieusement disposés, les obus boches n'ont fait que casser du bois et soulever de la terre.

Le personnel du groupe me produit une impression favorable : les officiers sont très à leur place, un peu fatigués peut-être par leur long séjour en forêt, mais connaissant parfaitement le secteur et sachant leur métier. Les sous-officiers et les hommes ont l'air discipliné et dévoué; le moral est excellent; d'ailleurs les hommes n'ont pas à se plaindre; dans les batteries l'ordinaire est parfait, ils sont bien traités et bien logés.

Une réclamation toutefois d'un bon Sénégalais qui se dit père de six enfants : cet excellent électeur menace de se plaindre à son député si on ne fait pas droit à sa demande. Ce qu'il désire, c'est regagner Saint-Louis au plus vite et dire adieu à nos sombres marches de l'Est. Malheureusement, le pauvre homme a mal combiné son affaire ; il est trop évident que sa paternité est sujette à caution ; à mon grand regret je ne puis me priver de sa collaboration ; qu'il écrive à son député, à son sénateur, au grand muphti s'il veut, je m'en moque...

. . . .

Les Boches ont tiré toute la nuit, nous aussi. Beau vacarme ! On s'y fait si bien qu'on s'endort, bercé par les explosions des marmites. Ces excellents Boches tirent court. Par tous les saints du Paradis, qu'ils ne modifient pas leur angle de tir, nous serions dans de jolis draps !!!

Encore une alerte ; un gros marmitage, obus asphyxiants et toute la lyre. Le lieutenant K... est grièvement blessé, c'est un de mes meilleurs officiers, quelle misère ! Plusieurs hommes ont été sérieusement intoxiqués.

Voici le mois de novembre qui enraie les hostilités.

Il pleut, la rêverie étend sur nous son sombre empire. Il faut songer... Que faire en un gîte ? Que de choses n'écrit-on pas sur l'amour de la patrie ! Sacrifier les intérêts privés à l'intérêt général, n'est-ce pas là l'essentiel ? Des siècles de vie commune ont forgé aux Français une âme collective par une lente cristallisation ; leur patriotisme n'en est que plus fort et les sacrifices à l'intérêt général plus légers. L'âme collective lutte dans la guerre et représente des qualités de traditions d'ordre sentimental et mystique. Certes, on peut être patriote par raison, mais on l'est faiblement, pour un temps. Le patriotisme relève d'une philosophie moins cartésienne, il a ses racines dans l'instinct. L'être vivant s'efforce de garder l'intégrité de son organisme, de résister au mal par une série de luttes et de réactions, par le mouvement. « L'être vivant, dit la philosophie thomiste, est celui qui possède en lui-même le principe de ses mouvements. » Définition juste, en tout'cas très supérieure à celle de Bichat : « La vie est l'ensemble des fonctions qui résistent à la mort. » Conserver sa vie est la principale préoccupation de l'individu, c'est aussi celle de la famille, du groupe, de la cité. Il en résulte que le patriotisme est un instinct, un système illusoire peut-être, mais que cependant nous n'avons pas le droit de juger tel, c'est une fonction des mouvements par lesquels la cité se défend contre la mort. Il s'ensuit qu'il peut sommeiller mais non disparaître. Sous l'empire des circonstances, il se réveille brusquement ; nous avons vu agir ce mécanisme en août 1914. Que si cependant le patriotisme disparaît de la cité, celle-ci meurt au bout d'un temps plus ou moins long.

L'instinct de conservation pousse l'individu à s'accorder étroitement à la cité, à la défendre, et c'est toujours une fonction du même ordre. *Primus vivere*, et il sacrifie sa vie pour vivre. Rien de plus net.

C'est pourquoi le cosmopolitisme est une fantaisie pédante d'intellectuel, le dilettantisme naïf d'un Goethe, par exemple, ou un fléau qui sème ses ravages parmi les pauvres diables qui ont passé par des étapes diverses, tels nous voyons les internationalistes, néo-chrétiens, mystiques et illuminés de tout poil et de toute plume. Il se nourrit de toute la boue des cervelles primaires, cervelles d'un Zola ou d'un Tolstoï.

En somme, je suis très satisfait de mon nouveau commandement. Le groupe se présente bien. Certes tout n'y est pas parfait, et comme chacun voit avec ses lunettes, je rêve bien des modifications ; avec des collaborateurs comme ceux qui m'entourent elles seront aisées à réaliser. Les feuilles tombent. Il faut préparer le quatrième hivernage. Nous battrons-nous cet hiver ou resterons-nous dans une demi-activité ? Je ne sais. Il faut être prêt à tout.

La victoire sera à celui qui tiendra le dernier quart d'heure, suivant la formule devenue classique. Tâchons d'être celui-là. La victoire qu'il nous faut doit être décisive ; elle nous doit donner l'Alsace-Lorraine (simple restitution) et si possible la rive gauche du Rhin qui est une limite naturelle sans laquelle notre frontière sera toujours ouverte. Nous en devons attendre aussi une indemnité qui nous permettra de réparer les ruines de la guerre. Que ne peut-on exiger le démembrement de l'Empire et la reconstitution des Allemagnes, de ces charmantes petites principautés dont les habitants sous leurs tonnelles fleuries pourraient cultiver à leur aise la philosophie et la musique en buvant de la bière ? C'est toute la grâce que je leur souhaite ?

Il faut que la guerre paie. Un esprit équilibré donne un effort en vue d'un résultat positif, il faut intéresser le combattant à la victoire, comme le veut Charles Maurras et lui promettre la peau de l'ours. On ne se bat pas pour la liberté, pour la civilisation, pour la justice et le droit : ce sont là de vieilles formules ; bien des gens vivent de la démocratie, mais qui avez-vous vu mourir pour elle ? On se bat pour se défendre et pour conquérir. La première partie de notre guerre a été toute de défense. On nous a attaqués, nous nous sommes défendus. Maintenant, la guerre doit devenir une guerre de conquête. Il ne s'agit pas seulement de sauver notre existence nationale et l'honneur de nos armes. Il faut que la France sorte de ce conflit plus forte et plus grande. Notre vie, à nous autres combattants, ne compte pas. L'important est d'abattre les ennemis, de les avoir, et on les aura !

Au P. C. de l'Arbre haut.

Novembre 1917.

TABLE DES MATIÈRES

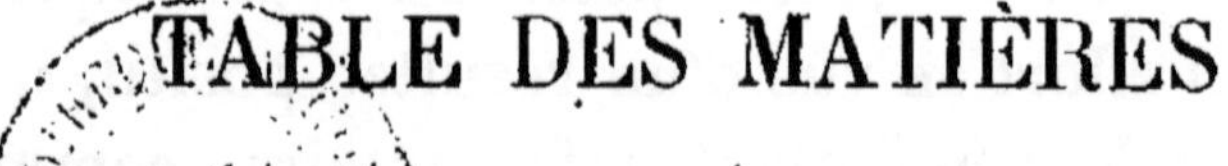

———

CHAPITRE I — BELGIQUE

	Pages
La mobilisation	1
En route	6
Dans la forêt	14
La bataille	22
Train de blessés	29

CHAPITRE II — AISNE ET CHAMPAGNE

Avec l'artillerie lourde	33
Nuits et jours de tempête	36
Alerte !	40
La vie au front	43
En avion	54
Artillerie	57
Avant l'attaque	60
L'attaque de septembre	61
Les vergers de B...	69
Topographie	71
La sape 20	73
Le deuxième hiver	75
Stage à l'aviation	77
L'attaque du plateau D...	82
Giboulées de mars	84
Une curieuse aventure	87

Pages

Union sacrée   90
Printemps   90
L'observatoire du bois des B...   105

CHAPITRE III — VERDUN

Le bivouac de Senoncourt   112
La première reconnaissance   118
Le P. C. de la voie douloureuse.   124
Le fort.   132
Attaque aux gaz   137
Les roses de Verdun.   142
La chute de Vaux.   148
Une tournée photographique   153
La relève.   156

CHAPITRE IV — ARGONNE

Le ravin sous la pluie   161
La croix G...   166

CHAPITRE V — LORRAINE

La batterie du bois sans nom.   178
Le troisième hivernage.   184
Les grands froids   193
Les bombardements printaniers.   200
Le bain   209
L'observatoire B.   212
Le P. C. de l'Arbre haut.   217

NANCY, IMPRIMERIE BERGER-LEVRAULT — MAI 1918

LIBRAIRIE MILITAIRE BERGER-LEVRAULT

PARIS, 5-7, rue des Beaux-Arts — rue des Glacis, 18, NANCY

Verdun à la veille de la Guerre et Verdun en 1917, par Edmond Pionnier et Ernest Beauguitte. 1917. Volume grand in-8, avec 43 dessins de Konarski et 9 photographies de Verdun bombardé . . . . . . 3 fr. 50

Petites Images du temps de guerre, par André Warnod. 1918. Volume in-12, avec 43 dessins de l'auteur . . . . 3 fr. 50

Quelques Héros. *Récits authentiques de la Grande Guerre,* par le capitaine Delvert. Lettre-préface de Marcel Prévost, de l'Académie Française. 5ᵉ édition. 1918. Volume in-12, avec 16 gravures hors texte . . . 3 fr. 50

Histoire d'une Compagnie. *Main de Massiges. Verdun (Novembre 1915-Juin 1916). Journal de marche,* par le capitaine Delvert. Préface de M. Ernest Lavisse, de l'Académie Française. 1918. Volume in-12. 3 fr. 50

Parmi les Ruines. *De la Marne au Grand Couronné,* par Gomez Carrillo. Traduit de l'espagnol par J.-N. Champeaux. 4ᵉ mille. 1915. Volume in-12 de 387 pages, broché . . . . 3 fr. 50

Le Sourire sous la Mitraille. *De la Picardie aux Vosges,* par E. Gomez Carrillo. Traduction de Gabriel Ledos, revue par l'auteur. 1916. Volume in-12. . . . . 3 fr. 50

Au Cœur de la Tragédie. *Sur le Front anglais,* par E. Gomez Carrillo. Traduit de l'espagnol par Gabriel Ledos. 1917. Volume in-12 . . . . 3 fr. 50

Lettres pour le Filleul de l'Arrière, par Paul Abram. Préface de Paul Margueritte. 1917. Volume in-16 jésus . . . . 3 fr.

Une Visite à l'Armée anglaise, par Maurice Barrès, de l'Académie Française. Volume in-16 jésus de 120 pages . . . . 1 fr. 25

La France en guerre, par Rudyard Kipling. Traduit de l'anglais par Claude et Joël Ritt. 7ᵉ édition. Vol. in-16 jésus, avec 2 photogr. . . . . . 1 fr. 50

Carnets de Route de Combattants allemands. Traduction intégrale, introduction et notes par Jacques de Dampierre, archiviste-paléographe. — I. *Un officier saxon. — Un sous-officier posnanien. — Un réserviste saxon.* (Publication autorisée par le ministère de la Guerre.) 1916. Volume in-12, avec 16 illustrations et fac-similés photographiques . . . . 3 fr. 50

La Guerre à l'allemande, par Jeanne et Frédéric Régamey. 2ᵉ édition. 1915. Volume in-12 . . . . 1 fr. 50

Les Alsaciens-Lorrains contre l'Allemagne. *L'Alsace-Lorraine pendant la guerre,* par Florent-Matter. 1918. Volume grand in-8. . . . . . 5 fr.

L'Esprit alsacien. Causerie faite à la Société Erckmann-Chatrian à Nancy, par Jules Froelich. 1918. Volume in-16 étroit. . . . . 2 fr.

Le Délire pangermanique. *Documents authentiques,* traduits, annotés et commentés par Jules Froelich. 1918. Volume in-12, avec 28 dessins de Zislin . . . . 3 fr. 50

Le Pangermaniste en Alsace, par Jules Froelich. 11ᵉ mille. 1915. Volume in-12, avec 16 dessins par Hansi, broché . . . . 75 c.

Souvenirs de Parisiennes en temps de guerre, recueillis par Mᵐᵉ Camille Clermont. Préface de Maurice Donnay, de l'Académie Française. 1918. Volume in-12 . . . . 3 fr. 50

En Allemagne. Impressions d'un Évadé. *De Douaumont à Mannheim et aux camps de représailles et de punitions,* par Géo Vallis. 1918. Volume in-12 . . . . 2 fr. 50

En Alsace reconquise. *Impressions du Front 1915,* par Ed. Bauty, rédacteur en chef de la *Tribune de Genève.* 1915. Volume in-8, avec 10 photographies hors texte . . . . 2 fr.

Jusqu'au Rhin. *Les Terres meurtries et les Terres promises,* par A. de Pouvourville. 5ᵉ édition. 1917. Volume in-12, avec 32 cartes . . . . . 3 fr. 50